Gana dinero, piensa en rico

Cómo utilizar los principios de las finanzas conductuales para hacerse rico

Dale Buckner, CFP

Primera edición de Design Publishing
Sarasota, Florida EE.UU.

Gana dinero, piensa en rico
Cómo hacerse rico utilizando los principios de las finanzas conductuales

Copyright ©2014, 2022 Dale Buckner

ISBN 978-1506-910-92-5 HC - English
ISBN 978-1506-910-93-2 PBK - English
ISBN 978-1506-910-94-9 EBK – English

ISBN 978-1506-912-34-9 PBK – Spanish
ISBN 978-1506-906-47-8 EBK - Spanish

LCCN 2014948450

Octubre, 2014, 2022

Publicado y distribuido por
Primera edición Design Publishing, Inc.
P.O. Box 20217, Sarasota, FL 34276-3217
www.firsteditiondesignpublishing.com

Dedico este libro a nuestra familia, el clan Buckner, cuyo origen se remonta a 1570 en Inglaterra. Me pregunto si algún miembro de nuestra familia vio una obra original de Shakespeare.

La dedicación continúa hasta hoy, con nuestros cuatro nietos, Arzana, Roland, Adria y Rhys... y con todos los profesores, artistas, poetas, abogados, banqueros y asesores.

Agradecimientos

En primer lugar, a mi esposa Adair y a mi familia, por permitirme la libertad de perseguir mi sueño. Su apoyo ha significado el mundo para mí.

Nuestro hijo, el Dr. Cameron Buckner, que ayudó a transformar el libro en un esfuerzo mucho más académico. Su doctorado en Ciencias Cognitivas y su aguda visión de cómo el cerebro toma decisiones han transformado prácticamente cada página del libro. El libro no podría imprimirse sin su ayuda.

Danielle Buckner Skala, M.Ed., BCBA, LBA que dirige una clínica para niños autistas. Ella me ayudó a entender cómo cambiar el comportamiento inadecuado.

Fritz Meyer, por su ayuda y sus ánimos. Siempre es útil tener de tu lado a un economista de renombre nacional. El Sr. Meyer contribuyó generosamente proporcionando datos económicos actuales.

Dr. Matt Medeiros, por sus alentadoras palabras iniciales, que me ayudaron a plasmar mis ideas en la página. Sus ideas sobre la gestión del dinero ayudaron a dar forma a más de un capítulo.

Un sincero agradecimiento a mi editor, Michael Dubes. Sus amables consejos y ánimos han sido y son muy apreciados.

Quiero dar las gracias a mis clientes, a los oyentes de mi programa de radio, a mis colegas planificadores financieros y a todos los que escucharon mis teorías hasta que por fin se contó la historia en estas páginas.

Prologo Invitado

En los últimos 40 años, el mercado bursátil ha proporcionado aproximadamente un 10% compuesto anual. Alguien que invirtiera sólo 1.000 dólares al año y se jubilara al final de ese periodo habría acumulado 443.000 dólares. Invertir 2.000 dólares al año es sin duda una cantidad manejable para la mayoría de los baby boomers. Cualquier ahorrador para la jubilación tendría una acumulación de 886.000 dólares.

El poder casi mágico de la capitalización a largo plazo permite a cualquiera alcanzar el objetivo de ahorrar lo suficiente para la jubilación. Sin embargo, leemos sobre legiones de baby boomers asustados, temerosos de sobrevivir a los escasos ahorros que han conseguido ahorrar.

La pregunta es ¿por qué? ¿Por qué tantos estadounidenses se han quedado cortos cuando podrían haber ahorrado fácilmente lo suficiente para una jubilación cómoda?

La respuesta es lo que yo llamo "mal comportamiento del inversor". Mucha gente comete errores de comportamiento cruciales durante sus años de acumulación. Y en la mayoría de los casos, no tienen a nadie a quien culpar salvo a sí mismos.

Como economista y estratega bursátil, he conocido a miles de asesores financieros a lo largo de mi carrera y he llegado a la conclusión de que algunos asesores ofrecen mucho más valor que otros. Son los asesores que ejecutan eficazmente dos tareas distintas para sus clientes: una técnica y otra psicológica.

La parte técnica es la disciplina de la Teoría Moderna de la Cartera. Los asesores que aportan valor evitan intentar batir al mercado con conjeturas tácticas de asignación de activos, tan frecuentes entre los "expertos" de Wall Street y las cadenas de noticias financieras. Muchos asesores, al fin y al cabo son humanos, quieren parecer inteligentes, así que hacen este tipo de apuestas con el dinero de sus clientes para impresionar. Craso error. He observado que a menudo son los perros viejos del negocio los que han aprendido esta lección por las malas. Algunos de los perros jóvenes... no tanto.

Hacer bien la parte técnica requiere inteligencia, trabajo duro, dedicación y experiencia. Por desgracia, algunos asesores piensan que si hacen bien esta parte, su trabajo está hecho. Pero es la segunda parte, la parte psicológica crucial, la que a menudo se pasa por alto o se elude.

La parte psicológica consiste en inculcar la convicción de que mantener el rumbo con un programa de inversión basado en la Teoría Moderna de la Cartera es fundamental para el éxito a largo plazo.

Parece sencillo, mantener el rumbo. Pero no lo es. Ni mucho menos. Recuerde el desplome de 2008-09. En este libro, Dale Buckner recuerda cómo ayudó a un cliente presa del pánico en el momento más bajo del mercado bajista. "Ese fue el día en que casi se convirtió en pobre para siempre". Se trataba de un hombre que no podía soportar ver cómo el valor de sus ahorros seguía disminuyendo. Por su cuenta, no me cabe duda de que habría capitulado en el momento de tocar fondo o cerca de él y, de hecho, se habría empobrecido para siempre. Esa historia tuvo un final feliz porque, como un gran atleta, el asesor realizó una jugada clave en el momento decisivo. Ganó mucho dinero manteniendo a su cliente invertido durante ese épico colapso del mercado.

No puedo exagerar la importancia de la capacidad de un asesor para educar y asesorar a sus clientes sobre el imperativo de mantener el rumbo. Puedes acertar en todos los aspectos técnicos de la inversión, pero si en las garras de un mercado bajista te equivocas en la parte psicológica, estás frito.

Dale Buckner lo entiende y nos ha bendecido con este tratado perspicaz y entretenido sobre cómo estamos aparentemente "cableados" para hacer las cosas tontas que nos impiden invertir con éxito. A partir de una investigación exhaustiva, nos muestra cómo permitir que la práctica engañosamente sencilla del ahorro constante y la capitalización haga el trabajo. Espero que disfrute de sus observaciones tanto como yo.

Fritz Meyer
Economista y ex estratega de marketing de Invesco

Gana dinero, piensa en rico

Cómo utilizar los principios de las finanzas
conductuales para hacerse rico

Dale Buckner, CFP

Contenido

Prólogo

Pandemias, política y naturaleza humana

Este libro emplea pruebas científicas para examinar por qué los seres humanos tienden a tomar malas decisiones de inversión. La mayoría de los inversores siguen viendo perjudicados sus resultados de inversión por los dos temas principales del libro: el miedo y la codicia. El miedo y la codicia son emociones humanas tan antiguas como la historia, incluso la prehistoria. La Biblia también cita el miedo, la avaricia, la envidia y el deseo como influencias destructivas, así que esto viene ocurriendo desde hace mucho tiempo.

Estas emociones están muy arraigadas y son muy fuertes. A menos que se reconozcan y traten adecuadamente, las emociones le impedirán alcanzar sus objetivos de inversión. Los seres humanos estamos predispuestos a vender en los momentos más bajos y a comprar en los más altos de un ciclo de mercado.

No crea que las noticias le ayudarán a determinar la dirección del próximo ciclo del mercado. El miedo o la codicia suelen convencer al inversor para que venda en el momento más bajo de una corrección del mercado. Muchos inversores compran en la cima de una burbuja especulativa. Las noticias alimentan los impulsos destructivos. Tómese un momento para reflexionar que los medios de comunicación no son sus amigos. Detente, reflexiona y respira hondo. En el libro llamo a ese paso "pausa y reflexión".

Los seres humanos somos imperfectos. Nuestras imperfecciones se manifiestan en nuestra forma de invertir. Con entrenamiento, un inversor puede crear buenos hábitos de

5

inversión. Confíe en el proceso mientras lee sobre las pruebas y triunfos de nuestros antepasados. Quizá vea cómo encajan todas las piezas.

En conclusión, los seres humanos no hemos sido creados con defectos. No somos errores. Somos así por una razón. Se nos dio el libre albedrío y la capacidad de aprender y sacar provecho de los errores de los demás. Una vez que te has vuelto bueno en ello, es tu deber difundir la buena palabra a tus compañeros Homo Sapiens y mostrarles el camino.

Vida ancestral

El Proyecto Genográfico de National Geographic exploró el ADN de personas de todo el mundo. Hace aproximadamente 60.000 años, el hombre anatómicamente moderno comenzó a migrar desde el continente africano. Nuestros antepasados migratorios estaban dotados de una inteligencia similar a la que tenemos hoy en día. Estos hombres y mujeres que emigraron de África eran inteligentes supervivientes. Eran nosotros hace apenas 1.500 vidas, un abrir y cerrar de ojos en el tiempo evolutivo.

Las mentes que poseemos hoy se componen de un mosaico de comportamientos y sesgos desarrollados durante nuestra evolución. Nuestros antepasados tuvieron que resolver una gran variedad de problemas y sobrevivir a entornos diversos y desafiantes. Las pruebas arqueológicas en este ámbito son incompletas. ¿Qué sabemos de algunos de nuestros parientes más recientes?

Los científicos estiman que el género Homo, que incluye a nuestros antepasados humanos más recientes, divergió de un antepasado común compartido con los chimpancés hace unos 5-7 millones de años. A continuación sufrieron una serie de intensos cambios evolutivos. El esqueleto de homínido más antiguo encontrado hasta ahora: una hembra de la especie Ardipithecus ramidus, apodada "Ardi". Ardi ya había pasado por algunos de los cambios evolutivos que caracterizan a los humanos modernos.

Descubierto en Etiopía en 1994, la edad de Ardi se ha estimado en 4,4 millones de años. Su cuerpo es similar al de otros simios modernos, como chimpancés y babuinos. En plena madurez, pesaba apenas 110 libras, medía alrededor de cuatro pies y tenía un cerebro aproximadamente 1/5 del tamaño de los humanos modernos. Sin embargo, los huesos de la pelvis y las extremidades de Ardi ya se habían desplazado para permitirle caminar erguida. También poseía otras características, como una disminución del tamaño de los dientes caninos y del desarrollo corporal. Los científicos sugieren que la tropa de Ardi tenía una estructura social más parecida a la humana.

El mundo de Ardi se estaba pareciendo cada vez menos a uno gobernado por un gran macho que pegaba a los demás machos y se reproducía con todas las mujeres (una estructura social que los humanos modernos restringen ahora a un periodo de la adolescencia llamado "instituto"). La tropa de Ardi estaba evolucionando hacia una sociedad basada en el emparejamiento. La inversión de los padres en la crianza de las crías podía convertirse ahora en el principal objetivo de la familia.

Los antepasados más cercanos de Ardi eran en su mayoría vegetarianos, buscadores de comida en los árboles que vivían en las intersecciones de los bosques de África. Los científicos teorizan que en esa época una serie de cambios climáticos drásticos obligaron a nuestros antepasados a abandonar las copas de los árboles y bajar al suelo. Al salir de los árboles y adentrarse en la sabana, se expusieron a nuevos peligros.

Se han encontrado varios cráneos con marcas de dientes que indican que la tropa de Ardi se enfrentaba a la depredación. Dinofelis, una especie de gato con dientes de sable demasiado grande (se calcula que pesaba 275 libras) para trepar a los árboles, podía matar rápidamente a los miembros de la tropa con un brutal mordisco en la cabeza o el cuello.

Estas presiones empezaron a favorecer una mayor inteligencia para evitar a los depredadores. Localizar alimentos en entornos cambiantes se hizo difícil. Nuestros antepasados necesitaban colaborar en grupos sociales para sobrevivir. A medida que sus cráneos se ampliaban para satisfacer esta demanda de mayor inteligencia, nuestros antepasados empezaron, al parecer, a carroñear carne. Nuestros parientes empezaron a utilizar herramientas de piedra para tallar cadáveres de animales, un cambio que algunos antropólogos atribuyen a la necesidad de alimentar las mayores demandas calóricas de un cerebro más grande.

Nuestros antepasados se enfrentaron a grandes retos: depredadores, cambios climáticos bruscos, hambre y luchas con otros homínidos. Algunos de los cambios climáticos son difíciles de imaginar en términos modernos.

Una hipótesis, denominada la Catástrofe de Toba, sostiene que una supererupción volcánica en Indonesia hace 77.000 años arrojó suficiente polvo a la atmósfera como para provocar un invierno volcánico de 6 a 10 años. Con tanto polvo en la atmósfera, la luz solar habría quedado bloqueada y las temperaturas globales habrían caído en picado. Esto puede verificarse parcialmente mediante pruebas geológicas y muestras de núcleos de hielo.

A su vez, estos cambios habrían acabado con un gran porcentaje de las plantas y animales del mundo. Las pruebas genéticas sugieren que nuestros antepasados podrían haber quedado reducidos a tan sólo 10.000 individuos reproductores, produciendo un "cuello de botella genético". Estos cuellos de botella aumentan las posibilidades de cambio y adaptación de las especies. Los individuos que poseen rasgos beneficiosos pueden ser los únicos que sobrevivan.

Los genes y habilidades útiles pueden propagarse rápidamente a través de una pequeña población mediante la reproducción. Poco después, la humanidad empezó a salir de África para poblar el mundo. Los humanos trajeron herramientas, fuego, ropa, lenguaje y todos los demás adornos del Homo sapiens moderno.

La ciencia que intenta comprender cómo nuestras capacidades mentales modernas fueron moldeadas por los retos a los que se enfrentaron nuestros antepasados se denomina psicología evolutiva. Las fuerzas motrices de la evolución son la supervivencia diferencial y la reproducción.

Los animales con rasgos y estrategias que les permiten tener éxito en su entorno tenderán a sobrevivir y reproducirse. Los animales que carecen de ellos tenderán a extinguirse. Cuando se enfrentan a presiones de supervivencia a lo largo del tiempo, los rasgos más beneficiosos pueden extenderse por toda la población.

La idea básica de la psicología evolutiva sostiene que muchos de nuestros rasgos psicológicos modernos pueden explicarse como adaptaciones a las condiciones históricas en las que evolucionamos. En otras palabras, si queremos entender por qué hacemos algo hoy, podemos preguntarnos si nuestros antepasados podrían haber utilizado esa estrategia para afrontar un reto en los entornos en los que vivían.

Intentar aplicar estas herramientas evolucionadas a problemas que difieren en su estructura de los antiguos para los que fueron diseñadas puede ser como intentar poner tornillos con un martillo; nada recomendable.

Por ejemplo, los psicólogos evolucionistas han planteado la hipótesis de que las preferencias humanas por la belleza podrían ser una adaptación. Algunos psicólogos han estudiado la preferencia de los hombres por las mujeres con la clásica figura de "reloj de arena", descrita en términos de una medida llamada relación cintura-cadera (RCC). En las encuestas, los hombres tienden a preferir un WHR bajo, de aproximadamente 0,7, lo que significa que les gustan las mujeres con caderas comparativamente más grandes y cinturas más pequeñas.[1] Cabe destacar que muchos iconos de la belleza tienen un WHR de 0,7 o inferior a pesar de tener estaturas y porcentajes de grasa corporal muy diferentes. Entre ellas se encuentran Marilyn Monroe, Sophia Loren, Chrissy Teigen, Kim Kardashian o Jessica Alba.

Hay varias explicaciones evolutivas posibles para estas preferencias. Por un lado, el índice de masa corporal tiende a ser un buen marcador de los niveles de estrógenos en sangre, lo que proporciona indicios visuales de fertilidad.

Por otro lado, a medida que nuestros cerebros se expandían durante la evolución, también lo hacían los cráneos de nuestros bebés. El aumento del tamaño del canal del parto se hizo muy importante para el alumbramiento de los homínidos, por lo que las "caderas de parto" habrían sido una gran ventaja. Además, las mujeres con un menor WHR tienden a vivir más tiempo y de forma más saludable, y los investigadores han llegado a afirmar que los ácidos grasos almacenados en esas caderas podrían proporcionar la materia prima para un desarrollo cerebral fetal más saludable, lo que daría lugar a una descendencia más inteligente.

Todo esto sugiere que los hombres con una preferencia por un WHR de 0,7 o inferior tenderían a elegir mejores parejas desde el punto de vista reproductivo, y por tanto a reproducirse con más éxito, que aquellos a los que les gustan las figuras más planas o redondeadas.

La psicología evolutiva no está exenta de detractores. Una objeción es que, con demasiada frecuencia, las historias evolucionistas sobre las capacidades modernas se aceptan porque pintan un cuadro vívido de la vida en la antigua sabana africana, en lugar de basarse en pruebas arqueológicas o biológicas sólidas. La psicología evolutiva también parece mostrar una "obsesión por el Pleistoceno". Se trata del periodo comprendido entre hace unos 2,5 millones de años y el presente, durante el cual los homínidos empezaron a surgir a partir de nuestros antepasados más recientes.

Nuestro tiempo como homínidos fue claramente importante para formar nuestros cuerpos humanos modernos y nuestras capacidades mentales. Incluso Ardi ya estaba dotada de una serie de capacidades psicológicas heredadas de sus antepasados más lejanos. Algunas de esas capacidades, como las emociones básicas, se han conservado en los mamíferos de forma relativamente inalterada durante casi 70 millones de años. En otras palabras, el estudio de los entornos a los que se enfrentaban los antiguos ratones puede ser a veces tan relevante para comprender la psicología humana moderna como el estudio de los entornos a los que se enfrentaban los antiguos simios.

Por último, a veces nuestros rasgos de comportamiento son simplemente subproductos inevitables o surgen del azar. Por ejemplo, en lugar de suponer que la flatulencia sirvió como una especie de dispositivo ideal para repeler depredadores durante el Pleistoceno, podríamos aceptarla como un desafortunado subproducto de la química de la digestión.

Todo ser humano funciona hoy con un cuerpo y una mente que evolucionaron para adaptarse a un entorno profundamente distinto del actual. Hoy utilizamos el mismo cerebro y el mismo cuerpo para decidir si compramos acciones, bonos o bienes inmuebles. Nuestros antepasados tenían que decidir si luchar contra un depredador o huir. En un buen día decidían seguir buscando comida en el lugar actual o recogerla y trasladarse a otro sitio o qué tipo de herramienta llevar a la gran cacería.

Aplicar este conocimiento puede ayudarle a comprender sus propios comportamientos y sesgos de inversión destructivos. Estos comportamientos podrían haber sido habilidades de supervivencia durante diferentes situaciones del pasado. El resultado esperanzador es que usted puede controlar mejor esos comportamientos en nuestras nuevas y modernas circunstancias.

Introducción

*Algunos se hacen ricos estudiando la inteligencia
artificial. Yo me hago rico estudiando la estupidez
natural.*

Carl Icahn

El 9 de marzo de 2009, el índice S&P 500 tocó 666,79, el punto
más bajo de la llamada "Gran Recesión". Siguiendo ese índice, una
cartera en su punto más alto de octubre de 2007, 100.000 dólares,
habría valido sólo 42.600 dólares si se hubiera vendido en el punto
más bajo del mercado en marzo de 2009, una pérdida del 58,4%.

Si no se hubiera vendido, esa cartera habría recuperado un
valor de 132.000 dólares el 1 de marzo de 2014, si el propietario
hubiera reinvertido los dividendos de aproximadamente el 2,5%.
Si, por el contrario, se hubiera retirado ese dinero del mercado de
valores en el momento más bajo y se hubiera colocado en ahorros
personales o bonos -percibidos como "refugios seguros" en aquel
momento-, la mayor parte de la pérdida del 58,4% habría quedado
bloqueada y el dinero se habría esfumado para siempre.

Este comportamiento inversor, consistente en vender en el
momento en que el mercado toca fondo o cerca de él y recurrir a
inversiones de bajo rendimiento consideradas seguras, es una
respuesta irracional a una caída del mercado. No se podría
concebir una estrategia comercial peor aunque se intentara. Sin
embargo, millones de inversores hicieron exactamente eso: retirar
su dinero en el momento más bajo del mercado.

Lo metieron bajo el proverbial colchón y aseguraron sus pérdidas. Y lo que es aún más sorprendente, muchas de estas operaciones se ejecutaron bajo el asesoramiento de agentes de bolsa y planificadores financieros. Estos asesores cualificados deberían haberlo sabido.

Por supuesto, los inversores y asesores que vendieron acciones el 9 de marzo de 2009 no sabían que ese día marcaría el final de la recesión bursátil. No tenían una bola de cristal. Nadie la tiene. Y si alguien afirma ser capaz de predecir los mínimos del mercado para usted, huya de su oficina tan rápido como pueda.

Los millones de inversores que vendieron a la baja pensaban que las acciones iban a seguir bajando. Dada la histeria de la época, probablemente pensaron que el colapso financiero del mundo entero estaba a la vuelta de la esquina.

El 9 de marzo de 2009 se vendieron casi 7.700 millones de acciones cotizadas en NYSE y NASDAQ. Un comportamiento similar ocurre cada recesión. Por definición, un fondo de mercado se crea con miles de millones de operaciones tan malogradas. Una y otra vez, inversores y asesores hacen exactamente lo contrario de lo que la historia y el sentido común les dicen que deberían hacer. ¿Cómo es posible que se tomen decisiones tan irracionales?

Se han escrito muchos libros sobre los ciclos del mercado. Los ciclos de mercado son normales y han ocurrido muchas veces en el pasado. La mayoría de los inversores que vendieron el 9 de marzo habían vivido al menos uno de esos ciclos y habían visto cómo el mercado se recuperaba de una recesión, por nefasta que fuera.

En retrospectiva, sin duda reconocieron que el mercado atraviesa y se recupera regularmente de las caídas. Incluso podrían admitir que la estrategia más inteligente sería invertir más dinero en el fondo. Sacar dinero de la bolsa tras una fuerte caída no está en mi lista de estrategias de inversor de éxito.

El día que liquidaron sus existencias, con el pánico en el corazón y una sensación de náusea en el estómago, pensaron que esta vez era diferente.

Algunas personas parecen incapaces de aprender del pasado. Cuando se trata de invertir, el comportamiento irracional es la norma. Como un ordenador con un virus, ¿están los inversores programados para estrellarse? ¿Está usted condenado a repetir sus errores, o puede beneficiarse de sus comportamientos y sesgos destructivos?

El problema no es la escasez de buenos consejos. Las librerías están repletas de volúmenes sobre inversión y finanzas personales. En cuanto a la estrategia, todos ofrecen orientaciones similares: eliminar las deudas, mantener una cartera equilibrada y diversificada, y no comprar en burbujas ni vender en momentos de pánico. Si los inversores se limitaran a seguir estas sencillas reglas, habría mucha menos volatilidad en el mercado y mucha más riqueza en los bolsillos de los inversores. Entonces, ¿no debería haberse resuelto ya el problema?

Una buena estrategia de inversión es sólo una parte de la solución. El meollo del problema no es que la gente no sepa invertir, sino que no sabe por qué no invierte como sabe que debería.

Para liberarnos de ese comportamiento destructivo, primero debemos comprender sus causas. Sólo comprendiendo la naturaleza de estos impulsos destructivos podremos tomar el control de nuestro comportamiento inversor. Podemos dejar de cometer los mismos errores una y otra vez.

Además -y esta es la parte divertida- si entendemos las razones por las que otros inversores fracasan, podemos aprovecharnos de su comportamiento irracional repetitivo. Podemos beneficiarnos de la mala toma de decisiones de nuestros colegas inversores, que no pueden resistir la tendencia natural a comprar caro y vender barato.

En gran medida, los inversores fracasan debido a impulsos e instintos profundamente arraigados, heredados de sus antepasados genéticos. Los instintos primitivos de supervivencia arraigados en el comportamiento de los inversores les obligan a hacer exactamente lo contrario de lo que les haría ganar dinero.

La mayoría se ve instintivamente obligada a seguir pautas de comportamiento que les hacen cometer los mismos errores de inversión. Los temores primarios obligan a los inversores a abandonar el mercado bursátil en un momento en el que deberían invertir en acciones. Cuando deberían estar vendiendo, su proceso de toma de decisiones se congela porque están seguros de que sus inversiones subirán aún más.

Las ciencias de las Finanzas Conductuales y las Finanzas Psicológicas han empezado a desentrañar mediante experimentos qué comportamientos muestran repetidamente los inversores que interfieren en los buenos resultados de inversión. Por qué hacemos lo que hacemos puede explicarse mejor con la ciencia evolutiva.

Estos instintos de inversión del animal humano han sido forjados por millones de años de evolución. No debemos avergonzarnos; son los mismos instintos que ayudaron a nuestros antepasados a sobrevivir en condiciones brutalmente difíciles.

Considere este hecho asombroso: que usted esté aquí hoy representa el éxito de cada uno de sus antepasados. Todos ellos tuvieron que estar sanos y tener éxito para sobrevivir a los depredadores, conseguir comida, impresionar a una pareja, reproducirse y proteger a sus crías hasta la edad adulta.

Si cada uno de ellos no hubiera conseguido realizar todas estas hazañas, a través de miles de generaciones, hoy no estarías aquí. Todos deberíamos tomarnos un momento para felicitarnos por tener unos parientes tan hábiles e intrépidos.

Por desgracia, los mismos instintos que garantizaron la supervivencia de nuestros antepasados ponen ahora en peligro las decisiones de inversión del siglo XXI. No debería sorprendernos que estos impulsos sean inadecuados en nuestro entorno de inversión moderno.

Los humanos pasaron millones de años adaptándose a la vida como cazadores y recolectores en los bosques y sabanas de África.

El mercado de valores moderno existe desde hace menos de 150 años, un abrir y cerrar de ojos en el tiempo evolutivo.

Las inversiones 401k existen desde 1978, y el comercio programado por ordenador, que puede generar cantidades insondables de datos a lo largo del ciclo comercial de 24 horas al día, existe desde hace menos de tres décadas.

Aunque somos capaces de aprender a anular y controlar nuestros instintos -cosa que le ayudaré a hacer en este libro-, la mayoría de las familias tienen poca o ninguna experiencia previa en la toma de decisiones de inversión cruciales.

Incluso quienes tienen décadas de experiencia, como los corredores de bolsa que dijeron a sus clientes que vendieran el 9 de marzo de 2009, tienen la baraja en su contra. Nuestros cerebros están llenos de antiguas programaciones o sesgos que nos impiden aprender de nuestros errores.

Un inciso personal: Empecé a escribir este libro en pleno desplome bursátil de 2008-2009. Uno de mis clientes, al que llamaremos Ralph, había perdido aproximadamente el 50% del valor de su cuenta en diciembre de 2008. A pesar de ello, su cartera contenía inversiones de calidad que seguían generando ingresos constantes, el motivo por el que eligió las inversiones en primer lugar. De hecho, su cuenta disfrutó de unos ingresos crecientes al tiempo que perdía valor gracias a una gestión profesional.

Ralph estaba literalmente temblando cuando llegó a mi despacho. Me dijo que no había podido dormir, preocupado por la caída del valor de su cuenta. "¿Y si baja otro 50%?", jadeaba. "Mi cuenta no valdría nada. Tengo que vender; siento que moriré si no lo hago".

Le dije: "Lo comprendo. Son sentimientos muy reales, pero tienes cosas buenas y tus ingresos son aún mejores hoy. Igual de importante es que tu cuenta probablemente valdrá más dentro de un año. La clave es que tu flujo de ingresos sea seguro. No hagas caso a los locos de la tele y no mires tu extracto durante un tiempo".

Ralph me dejó mantener su cuenta intacta. Se revalorizó y un año después valía más que cuando la compró. Ralph se convirtió en un creyente. Ahora nos reímos de ello, pero aquel fue el día en que estuvo a punto de empobrecerse para siempre.

En resumen, simplemente no podemos esperar habernos adaptado a las condiciones de inversión modernas en un periodo de tiempo evolutivo tan corto. A pesar de saber lo que debemos hacer cuando las noticias son demasiado malas o demasiado buenas, volvemos a nuestros prejuicios y comportamientos anteriores.

En nuestro entorno natural podríamos habernos ganado el nombre que nos han dado los biólogos: Homo sapiens, que significa "hombre sabio".

Cuando se trata de decisiones de inversión, un nombre diferente parece más apropiado. Llamemos Homo pauperis a los inversores que se dejan llevar por sus instintos para comprar caro y vender barato.

Los Homo pauperis no se han descubierto hasta las últimas décadas. Los paupérrimos son homínidos con una estatura media de 1,70 m y una esperanza de vida de unos 84 años. Son animales sociales que viven en grandes comunidades con otros miembros de su especie.

Los mendigos tienen cerebros muy desarrollados y se distinguen por su habilidad con las herramientas y el lenguaje. Hacen fuego, cocinan su comida, confeccionan y visten ropa y disponen de diversas tecnologías sofisticadas para controlar su entorno natural.

Como mamíferos, destetan a sus crías, que tienen una adolescencia prolongada (y costosa) que dura hasta los veinte años. Hay informes recientes de algunas adolescencias que duran mucho más.

A diferencia de la mayoría de las especies, que tienen un entorno natural al que están bien adaptados, los indigentes se encuentran sobre todo en entornos artificiales, refugios que ellos llaman supermercados, centros comerciales y bolsas de valores. Los indigentes exhiben algunas de sus características más distintivas en una vivienda llamada casino, pero hablaremos de ello más adelante.

En estos aspectos, los indigentes se parecen mucho a sus parientes más cercanos, los Homo sapiens. Sin embargo, hay una diferencia clave que puede observarse mejor cuando las dos especies reciben un extracto trimestral de inversiones en el que se informa de una gran pérdida. Los Homo sapiens reaccionan con calma ante una caída del mercado porque sus decisiones de inversión se basan en una estrategia y un cálculo sólidos.

Los indigentes reaccionan de la misma manera que ante la embestida de un rinoceronte: pulso acelerado, palmas sudorosas y pánico. La sangre les corre por los brazos y las piernas. Están preparados para luchar a muerte contra la declaración trimestral.

Inundados de adrenalina y otras hormonas del estrés, son susceptibles de tomar decisiones de inversión impulsivas con consecuencias destructivas.

Para empeorar las cosas, los Homo sapiens de los medios de comunicación a menudo se aprovechan de esta debilidad de los indigentes utilizando titulares ominosos y predicciones funestas para asustarles y que vendan sus inversiones en el peor momento. (Los codiciosos Homo sapiens que trabajan en las finanzas pueden beneficiarse enormemente de esta práctica vendiendo en corto o cobrando fuertes comisiones por la venta de las acciones de los aterrorizados indigentes). A largo plazo, los indigentes tienden a dilapidar su riqueza ganada con esfuerzo de esta manera y terminan... bueno, tan pobres como indigentes.

Afortunadamente, los homínidos no tenemos que invertir como indigentes ni someternos al largo proceso de la evolución genética para encontrar mejores estrategias. Sólo tenemos que prestar atención a nuestros errores y ser más inteligentes.

Una estrategia APT

Este libro le explicará cómo aprovecharse de los previsibles fracasos de la mayoría de los inversores. Aprenderá por qué la mayoría de los inversores, asesores e incluso gestores de inversiones institucionales actúan menos como sabios inversores y más como una panda de monos trajeados.

Mi objetivo es ayudarle a comprender y tomar el control de los antiguos instintos que condenan a tantos al fracaso financiero. A lo largo del libro, encontrará reglas sencillas que pueden ayudarle a salir de sus destructivos patrones de inversión.

Puede superar a quienes están programados para abordar la inversión como si estuvieran cazando y forrajeando en lugar de invertir sus activos para madurar a largo plazo en el mundo moderno.

Yo llamo a esta estrategia toma de decisiones APT: Reconoce, Pausa y Piensa.

El primer paso para salir de un patrón de comportamiento instintivo es reconocer que se está en él. Esto es más difícil de lo que parece. Una de las razones por las que nuestros patrones de comportamiento evolucionados eran tan eficaces en entornos pasados es que son en gran medida automáticos y ocurren rápidamente.

Cuando nos enfrentamos a un peligro real, reaccionamos antes incluso de ser conscientes de nuestros actos. Respondemos a las amenazas con la rapidez requerida, sin dedicarnos a una reflexión lenta y deliberada.

Sería difícil acertar a una presa con una lanza o esquivar el golpe de un enemigo si pensáramos conscientemente en los pros y los contras de cada acción posible antes de mover el cuerpo.

Nuestros antepasados habrían muerto de hambre o habrían perdido la razón hace miles de años si hubieran reaccionado con lentitud. Por esta razón, nuestros instintos y prejuicios a menudo toman el control de nuestro comportamiento antes de que la cabeza fría tenga la oportunidad de imponerse.

Con la práctica, podemos salir de estos patrones de comportamiento automatizados y anularlos. El primer paso consiste en comprender estas respuestas y sesgos instintivos para poder reconocer sus señales. Incluso los asesores financieros más experimentados pueden caer presa de patrones de comportamiento destructivos. No se dan cuenta de que están en sus garras.

Para un inversor que experimenta una respuesta de huida por pánico, vender a cualquier precio parece ser la respuesta lógica a la amenaza actual. Pero una vez que reconocemos que estamos bajo la influencia de una respuesta o sesgo evolucionado, podemos empezar a salir de él.

Es importante comprender nuestros impulsos y sesgos naturales. La primera mitad de este libro se estructura en torno a los patrones y comportamientos evolucionados que debes aprender a reconocer para convertirte en un inversor de éxito.

El segundo paso de nuestro ciclo es hacer una Pausa. Nuestras respuestas evolucionadas no se superan fácilmente. Muchas son lo que los biólogos denominan balísticas, como un disparo: una vez disparadas, tienden a completarse sin ningún control o mantenimiento consciente.

De nuevo, se trata de algo que en su día fue útil. Un antepasado que no dejaba de huir de un depredador hasta que estaba fuera de peligro tenía menos probabilidades de ser devorado que su compañero, que de repente se detenía a medio camino de la seguridad para preguntarse si debía seguir corriendo. Arruinó sus posibilidades de convertirse en antepasado de alguien.

Además, estas respuestas no son sólo psicológicas, sino fisiológicas. Durante una respuesta de lucha o huida, nuestro cuerpo experimenta una larga lista de cambios que pueden afectar a nuestra toma de decisiones durante horas después.

Incluso después de reconocer que ha entrado en pánico, no podrá pensar con claridad hasta que haya reducido su ritmo cardíaco y haya permitido que sus niveles de adrenalina y otras hormonas del estrés vuelvan a su nivel basal.

El truco del paso de la Pausa es entrenarnos para ir a un estado mental apropiado que nos ayude a salir del patrón de comportamiento destructivo que hemos Reconocido.

Cuando cunde el pánico por la caída del mercado, esto puede significar apagar la televisión, el portátil y el teléfono móvil e imaginarse en un lugar de paz y tranquilidad. Para mí, es un hermoso día soleado en el Pacífico Sur, meciéndome en una hamaca con una ligera brisa, bebiendo zumo de coco fresco, pero cada uno a lo suyo.

Cuando se sienta tentado a comprar en una burbuja, esto puede significar alejarse de los gráficos alcistas del mercado que aparecen en la televisión y moderar su entusiasmo recordando sobriamente lo mal que se sintió durante anteriores caídas.

Este paso suele denominarse el paso de la mente equilibrada. Cuando las hormonas de la codicia y del miedo están a partes iguales, la mente y el razonamiento están equilibrados. El inversor presa del pánico puede plantearse si invertir ahora en el punto más bajo de una liquidación bursátil. El inversor en la cima de una burbuja bursátil podría contemplar las pérdidas.

La etapa final de tu ciclo es Pensar. Es la etapa en la que intentas averiguar si tus respuestas evolucionadas fueron apropiadas, así como lo que deberías hacer a continuación.

Este paso es más fácil que los demás. El objetivo no es predecir el mercado, lo cual es prácticamente imposible. Pero no hace falta: puede hacerlo bastante bien superando sus tendencias y sesgos destructivos. Simplemente deje que su dinero se quede quieto durante las caídas.

Si se dejan durante 30 o 40 años, las carteras invertidas en índices bursátiles amplios tienden a superar ampliamente a las estrategias más activas. Por supuesto, es útil disponer de algunos mecanismos para determinar si estamos en una burbuja o en una quiebra.

Aunque nadie puede predecir con exactitud la acción diaria del mercado, es posible reconocer si los paupérrimos que nos rodean están atrapados en las garras de un patrón de respuesta irracional. Esto por sí solo podría ser suficiente para indicarle cómo debe actuar. He incluido una serie de pautas a lo largo del libro para ayudarle a diagnosticar cuándo los indigentes se están volviendo locos.

Una vez establecido el marco básico, es hora de ponerse manos a la obra. Veamos cómo el Homo pauperis caza y se alimenta en un entorno antinatural, la bolsa moderna. Discutiremos algunos de los patrones de comportamiento y sesgos básicos derivados de la psicología de nuestros antepasados, sus orígenes y cómo pueden arruinar nuestras inversiones. Por último, le ayudaré a aprender a tratarlos APT-ly y a evitar cometer los mismos errores en el futuro.

Capítulo I

Caza y recolección

El hombre codicioso siempre está en falta.
Horacio (65 a.C.-8 a.C.)

Antes de que se pudiera registrar la historia, nuestros antepasados acaparaban, codiciaban, coleccionaban, cazaban y buscaban comida. La comida y la caza eran a menudo escasas. Las herramientas debían fabricarse minuciosamente a mano con materiales a veces difíciles de encontrar.

Siempre buscaban nuevas fuentes de alimentos y materias primas. En tiempos difíciles, incluso unas pocas calorías más o una flecha extra podían significar la diferencia entre la muerte y la supervivencia. Y los tiempos solían ser difíciles. Si nuestros antepasados no estaban preparados, podían morir de hambre, ser incapaces de defenderse de un ataque o incluso de reproducirse.

Es difícil saber con exactitud cómo era la vida de nuestros antepasados, pero podemos hacernos una idea gracias a sociedades contemporáneas de cazadores-recolectores como los Hazda. Viven en el Gran Valle del Rift, en Tanzania.

Los Hazda son los últimos cazadores-recolectores de África y casi los últimos del mundo. Por los registros fósiles, sabemos que ahora viven en una de las mismas zonas donde habitaron nuestros primeros antepasados.

El género Homo surgió hace unos 2 millones de años. La agricultura organizada no se desarrolló hasta hace unos 10.000

años. Los homínidos hemos pasado más del 99% de nuestro tiempo evolutivo viviendo como cazadores-recolectores. La mayor parte de este tiempo lo pasamos probablemente en condiciones muy parecidas a aquellas en las que la mayoría de los Hazda siguen viviendo hoy en día.

Los científicos sostienen que los Hazda llevan decenas de miles de años llevando un estilo de vida nómada estable en los alrededores de su zona actual. No tienen ganado, no siembran ni construyen refugios permanentes. Tanto los hombres como las mujeres buscan comida.

Los hombres suelen buscar solos fruta y caza silvestre. Las mujeres buscan frutas y bayas en grupo y cavan en busca de tubérculos. Se desplazan estacionalmente por los desiertos resecos y semiáridos del Gran Valle del Rift y por las mesetas del vecino Serengeti. Adaptan su caza y forrajeo al tiempo húmedo y seco, según lo exijan las condiciones.

Fabrican herramientas de piedra y han aprendido a recubrir sus flechas con veneno extraído de la rosa del desierto para matar más rápidamente a sus presas. También cazan ocasionalmente en grupo para cazar presas mayores, entre ellas su manjar favorito, los babuinos. Sus vidas requieren poca planificación más allá de la próxima cacería.

Los Hazda se entrenan durante años para sobrevivir en su duro entorno, que requiere un tipo de pericia natural que pocos humanos del mundo desarrollado podrían igualar. Son expertos recolectores, capaces de interpretar el canto del pájaro guía de la miel para encontrar ricos alijos de miel.

Son hábiles arqueros y cazadores sigilosos, que se tumban durante horas junto a charcas para cazar piezas grandes, como jirafas. Se les ha observado acercarse sigilosamente por la noche a un árbol lleno de babuinos dormidos.

Cuando los Hazda abaten un animal más grande, lo arrastran de vuelta al campamento y comparten un festín comunitario. Los cazadores más hábiles son muy bien recompensados. Reciben recompensas como pipas humeantes, tob-acco, estatus tribal y las más seductoras oportunidades matrimoniales.

Imagínese lo que habría sido para nuestros antepasados que, hambrientos de calorías, probaron por primera vez una rica carga de panal. Imaginemos la euforia al abatir una gran jirafa con proteínas suficientes para alimentar a su tribu durante semanas.

Imprimían el lugar exacto, la estrategia de caza, las condiciones meteorológicas y otros detalles de la riqueza de recursos resultante de la cacería. Lo celebrarían con alegría y serían aplaudidos. En respuesta a las recompensas y los elogios, intentarían repetir el éxito una y otra vez. Se arriesgarían a sufrir heridas mortales o a morir para volver a sentir esa euforia.

Merece la pena mirar "bajo el capó" por un momento para ver que muchas de estas sensaciones están fuera de nuestro control. La satisfacción de una serie de necesidades básicas -como la comida, la bebida y el sexo- es lo que los psicólogos llaman reforzadores primarios.

El refuerzo es uno de los principios fundamentales de la psicología. La idea básica es que cuando un comportamiento se "refuerza" con una recompensa, es más probable que se produzca en el futuro.

Los neurocientíficos han descubierto los mecanismos por los que este sistema se pone en marcha en el cerebro. Cuando se satisface una de estas necesidades básicas -por ejemplo, tener hambre y comerse un filete jugoso-, los sistemas implicados en el procesamiento de la recompensa y la excitación inundan el cerebro de sustancias neuroquímicas como las endorfinas y la dopamina.

Estos estimulan una sensación de intensa euforia y excitación. Al mismo tiempo, zonas del cerebro responsables de la formación de recuerdos liberan neuromoduladores como la acetilcolina. Estas sustancias químicas hacen que el cerebro pase al modo de "almacenamiento", lo que provoca la formación de impresiones rápidas y duraderas.

Cada detalle de la experiencia que conduce a la satisfacción de estos impulsos se graba poderosamente en nuestras neuronas, por lo que cada detalle de una cacería exitosa se asociaría permanentemente con esa poderosa sensación de regocijo.

Los mamíferos tienen un lugar específico de recompensa en el cerebro llamado núcleo accumbens, que señala felicidad y satisfacción tras un acontecimiento exitoso. Se activaba en el cerebro de nuestros antepasados tras el descubrimiento de un rico panal de miel o el final de una cacería exitosa.

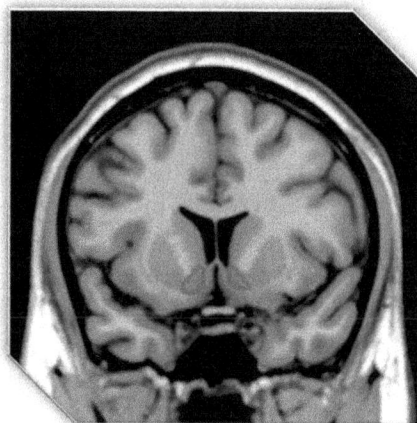

Localización del núcleo accumbens

Se trata de la misma zona del cerebro que provoca en los jugadores adictos un "subidón" cuando piensan en ganar, casi tan fuerte como el de la cocaína. La misma zona se ilumina durante un escáner PET cuando un inversor contempla una ganancia financiera.[2]

Un libro pionero, Tu dinero y tu cerebro, de Jason Zweig, explica que nos volvemos adictos y ansiamos las ganancias, a veces más que la vida misma.

Este sistema funcionó bien para nuestros antepasados, y puede funcionar bien para los Hazda en el Serengeti. Si cambiamos aunque sólo sea una variable, podemos alterar el equilibrio del que depende. Por ejemplo, cuando la tecnología de la caza mejoró, aunque fuera ligeramente, con la aparición de lanzas más largas y dispositivos de lanzamiento más potentes, como el átlatl, los humanos se convirtieron en cazadores aún más voraces.

Mientras que antes era casi imposible abatir grandes piezas de caza, la introducción de una sencilla tecnología -un trozo de madera con muescas en el que se podía apoyar el asta de la lanza- permitió a nuestros antepasados lanzar lanzas pesadas con una potencia 200 veces superior y un alcance 6 veces mayor. (Por cierto, el récord mundial de lanzamiento de un átlatl es un asombroso 848,56 pies, establecido por Dave Ingvall de Missouri el 15 de julio de 1995).

Esta innovación permitió a los humanos penetrar en las gruesas pieles de mamuts y rinocerontes lanudos desde una distancia segura, y así comenzó un gran festín que duró siglos. Como resultado, las teorías populares sugieren hoy que gran parte de la caza mayor del mundo fue cazada hasta la extinción por la humanidad hace tan sólo 10.000 años. A su vez, muchas poblaciones humanas septentrionales se vieron empujadas al borde del exterminio por la consiguiente falta de alimentos.

¿Cómo pudieron nuestros antepasados no darse cuenta del peligro de su consumo excesivo? ¿Qué pasaba por la mente del cazador que mató al último mamut lanudo? La respuesta, como veremos, es que su programación conductual no tuvo tiempo de ponerse al día sobre cómo la nueva tecnología cambiaba su relación con el entorno.

Atlatl

Muchos hombres que han acumulado más millones de dinero de los que jamás podrán

utilizar han mostrado un hambre rabiosa de más, y no han tenido escrúpulos en engañar a los ignorantes y a los desvalidos con sus pobres raciones para aplacar parcialmente ese apetito. He proporcionado a cien clases diferentes de animales salvajes y domesticados la oportunidad de acumular vastas reservas de comida, pero ninguno de ellos lo haría.
Mark Twain

Algo tan simple como un átlatl desequilibró a la humanidad. Imaginemos lo que los entornos extremadamente antinaturales creados por la tecnología moderna y el ciclo de noticias de 24 horas pueden hacer al cerebro de un pobre indigente. Uno de los primeros problemas lo causó algo que hoy damos por sentado: la moneda.

El dinero en sí mismo no satisface ninguna necesidad básica. No sabe bien y no se puede aparear con él. Pero el dinero puede comprar el acceso a reforzadores primarios. A través de esta asociación, el dinero se convierte en lo que los psicólogos llaman un reforzador secundario.

Esto significa que, aunque el dinero puede tener el mismo significado emocional que la comida y el sexo. El dinero no tiene las "señales de parada" naturales como reforzadores primarios. Ahora podemos reconocer el peligro.

Al masticar la presa del grupo, nuestros antepasados acababan sintiendo el estómago lleno, lo que les indicaba que dejaran de comer. Al recoger herramientas de piedra, nuestros antepasados acababan acumulando una carga demasiado pesada para moverla cuando su tropa abandonaba el campamento y se trasladaba a mejores zonas de forrajeo.

El dinero, en cambio, es diferente porque no tiene señales naturales de parada. Ligado a un talonario de cheques ligero, a un cajero automático o a una tarjeta de crédito, podemos llevar tanto como queramos; y con crédito suficiente, el cielo es el límite. Sin señales naturales que nos digan que tenemos suficiente, siempre queremos más y más.

Sabiendo que los indigentes tienen estas carencias, otros humanos crean entornos para aprovecharse de ellos. Pensemos en uno de los entornos más conocidos para los pobres: los casinos. Estos entornos antinaturales están diseñados específicamente por expertos en juegos de azar. Psicólogos y neurocientíficos han desarrollado estrategias para extraer la máxima cantidad de dinero de los indigentes en los casinos. Las estrategias tocan todos los puntos de placer correctos en los cerebros de los indigentes.

Otro hallazgo importante en psicología es el principio del refuerzo diferencial. En los años 50, el aprendizaje por refuerzo estaba de moda en la psicología estadounidense y psicólogos como B. F. Skinner realizaron miles de experimentos sobre el aprendizaje por refuerzo.

Su objetivo era predecir, con precisión matemática, qué cantidad de recompensa sería necesaria para que ratas, palomas y, en última instancia, seres humanos realizaran determinados tipos de comportamiento.

Sus experimentos fueron todo un éxito. Por primera vez en la historia, parecíamos capaces de calcular matemáticamente cuándo un organismo realizaría un determinado comportamiento. Los resultados se basaban en el conocimiento de la frecuencia con la que ese comportamiento había sido recompensado en el pasado.

Se podría pensar que el programa más eficaz era recompensar a las criaturas cada vez que realizaban el comportamiento deseado. Pero un hallazgo sorprendente que surgió en esta investigación fue que el programa de recompensa "siempre gana" no era el más eficaz.

Por el contrario, Skinner y otros descubrieron que un programa de "proporción variable", en el que sólo se recibía ocasionalmente una gran recompensa, era más eficaz para producir el comportamiento deseado.

Desde entonces, los neurocientíficos han descubierto que la explicación neuronal de este fenómeno es que recibir un gran número de recompensas en un corto periodo de tiempo agota las reservas de dopamina del cerebro, que induce placer. También desgasta las áreas del cerebro que reciben dopamina, haciendo que sean menos receptivas. En resumen, los centros del placer del cerebro se cansan y se aburren cuando reciben demasiado placer con demasiada rapidez.

Un gran éxito ocasional acompañado de una gran cantidad de fracasos monótonos parece proporcionar al cerebro la mezcla justa de descanso y recompensa. ¿Te suena a bandido manco?

La experiencia del casino moderno no es más que caza y rebusca con esteroides. Fíjese en las imágenes que aparecen en las máquinas tragaperras, sobre todo las relacionadas con grandes premios. Muchas muestran imágenes de cosas que nuestros antepasados deseaban, como tesoros, mujeres hermosas o animales.

Disonancia cognitiva

Cuando el sistema de recompensa del cerebro toma el control, las personas se vuelven inusualmente valientes. Contemplando la posibilidad de un "gran golpe", pierden de vista el peligro y el riesgo. He visto periodos de locura colectiva. Casi todo el mundo empezaba a invertir en lo mismo.

La gente desechaba sus carteras equilibradas y se cargaba de acciones tecnológicas, fondos de cobertura u oro como si no hubiera un mañana. He oído a inversores repetir frases hechas de anuncios financieros que apoyan sus acciones impulsivas. Las personas cuerdas no atrapadas en la manía podrían concluir que estos inversores estaban atrapados en una burbuja y que las ganancias futuras no continuarían.

En retrospectiva, la burbuja tecnológica de finales de los noventa no tenía sentido. ¿Cómo podían ser sostenibles los ratios P/E[3] de 200 y más? Los analistas financieros predijeron que el crecimiento de las ventas sostendría múltiplos tan altos. Aunque la tecnología ha transformado nuestras vidas, como se predijo ampliamente, muchas de las empresas emergentes que florecieron durante la burbuja tecnológica no existen hoy en día.

Empresas que nunca habían obtenido beneficios se vendían a precios absurdos. Los asesores financieros supieron que se trataba de una burbuja oficial cuando los inversores más pequeños ansiaban acciones de las que nunca habían oído hablar, como Cisco, Yahoo y Worldcom, a pesar de no tener ni idea de lo que hacían esas empresas.

El índice Nasdaq alcanzó máximos históricos en marzo de 2000, superando los 5.000 títulos. Diez años después, en marzo de 2010, el mítico índice se situaba a menos de la mitad de esa cifra. Durante esta burbuja inversora, algunos de mis clientes me preguntaron por qué no había cargado sus carteras con los valores de alta tecnología que impulsaban la burbuja.

Estaban totalmente dispuestos a abandonar las carteras equilibradas que ofrecían menores rendimientos al tiempo que protegían contra las ventas ocasionales. Envidiaban la rentabilidad que algunos de sus vecinos estaban obteniendo con los valores de alta tecnología y querían compartirla.

Intuyendo esta codicia, los vendedores depredadores disfrazados de asesores financieros y analistas del sector de la inversión convencieron a los inversores para que se hicieran con el próximo "punto caliente". Convencieron a los inversores para que revolvieran sus propias cuentas.

Al igual que los feriantes, los vendedores de productos financieros saben cómo funcionan los instintos humanos y no dudan en aprovecharse de ello. Se han hecho fortunas ofreciendo productos de inversión engañosamente atractivos que las masas quieren comprar.

Esta es una de las razones por las que nuestro sistema de inversión no funciona. La gente se convence de que será rica. Sus cerebros inundan sus cuerpos de endorfinas y otras sustancias químicas que les hacen sentirse bien.[4] Los "subidones" no sólo les adormecen ante información que debería hacerles desconfiar, sino que son tan poderosos que los inversores harían casi cualquier cosa por volver a experimentarlos.

Estas potentes sustancias químicas y las derivadas de un miedo abrumador desencadenan sesgos de comportamiento en la mayoría de los inversores. Está fuera de nuestro control. El cerebro sufre una sobrecarga química.

Frente a hechos opuestos que incitarían a la prudencia y disuadirían a los inversores de su precipitada trayectoria, se dejan llevar al mar como lemmings. El resultado es una perdición financiera casi segura. No sólo se cae en la trampa una vez, sino que, a menos que se rompa el ciclo, se continuará haciéndolo.

Cuando los inversores consiguen un "éxito" inusual -como la suerte le concede ocasionalmente a cualquiera-, se ven impulsados a intentar repetir el mismo éxito. Esto recuerda al prospector que encuentra una gran pepita de oro y se pasa el resto de su vida buscando la veta madre hasta que ha malgastado su último céntimo. Los que persiguen a todas las nuevas empresas tecnológicas no son diferentes del viejo prospector: intentan repetir sus éxitos anteriores.

Existen otros comportamientos y sesgos relacionados con la codicia, como el acaparamiento, el pastoreo, la negación de la pérdida y los comportamientos de coleccionismo, que también pueden influir en las decisiones de inversión, a menudo en detrimento nuestro. Hablaremos de ellos en capítulos posteriores.

Siempre que aparece una exuberancia irracional, se puede apostar a que se ha formado otra burbuja, y todas las burbujas están causadas por la codicia. En el momento de tomar una decisión, los inversores en bolsa y en renta fija tienen el juicio nublado cuando están motivados por la codicia. Con la práctica, los inversores pueden aprender a reconocer este comportamiento ludópata en los demás y evitar invertir en valores sobrevalorados.

No siempre es fácil saber cuándo se ha instalado la exuberancia irracional[5] . Cuando se produce, casi todo el mundo está infectado por la manía, por lo que, en algunos casos, no se puede confiar en los vecinos, ni siquiera en los asesores. A mí me gusta utilizar la Prueba del Pato para juzgar si un momento puede ser de exuberancia irracional:

Si camina como un pato, grazna como un pato y pone huevos como un pato, probablemente sea un pato.

¿A qué se parece la exuberancia irracional?

- Todo el mundo habla de ello.

- Todos los demás anuncios hablan de ello.

- La gente dice: "Pero esta vez es diferente".

- Los pequeños inversores lo compran. Los fondos de cobertura lo compran. Todo el mundo lo compra.

- Es probable que los inversores la compren con margen o con algún otro tipo de apalancamiento.

- Los analistas son optimistas sobre su futuro. Suele haber un número récord de estrategias de inversión que lo incorporan.

- Muchos inversores ponen todo su dinero en ella porque "es una gran inversión, tiene que subir".

- Los estafadores empiezan a venderlo.

Si grazna, no invierta en él. Si su asesor se lo recomienda, despídalo.

Capítulo II

Luchar o huir

*Si quiere poner a prueba su memoria, intente
recordar qué le preocupaba hoy hace un año.*
E. Joseph Cossman

El mundo antiguo era un lugar peligroso. A cada paso, animales feroces cazaban a nuestros primeros parientes. Había épocas de festín y hambruna. Otras tribus intentaban robar los recursos. Los miembros de nuestra antigua familia se enfrentaban constantemente a amenazas y fracasos.

Para sobrevivir, nuestros valientes antepasados tenían que reconocer rápidamente los peligros de su entorno. Sólo disponían de unos segundos para detectar a un león que saltaba de entre los arbustos o a una partida de guerra enemiga que se colaba en el campamento.

Nuestros cerebros del siglo XXI tienen los mismos mecanismos de detección del peligro que los de nuestros antepasados. Cuando prevemos un peligro, nuestro cerebro entra en acción en lo que se denomina respuesta de lucha o huida. Los mismos mecanismos básicos hacen que nuestros cuerpos del siglo XXI respondan a las señales del cerebro preparándonos para la batalla o la retirada.

El núcleo de la respuesta de lucha o huida es la preparación para la acción física. Nuestro sistema nervioso autónomo es la parte del cerebro y la médula espinal responsable de regular todas las cosas automáticas. Nunca piensas en funciones como la respiración, los latidos del corazón y la digestión. El SNA se divide en dos componentes principales:

- El sistema nervioso parasimpático (SNP), también conocido como la parte del sistema que "descansa y digiere", actúa para cultivar y mantener el cuerpo en reposo.

- El sistema nervioso simpático (SNS) moviliza y transporta rápidamente energía a los músculos para que estén preparados para explosiones extremas de acción.

Nuestra respuesta de lucha o huida se desencadena cuando nuestro SNS detecta una situación peligrosa. Cuando entra en acción, hace que el sistema endocrino -la red de glándulas y órganos responsables de regular nuestras hormonas- inunde nuestro cuerpo con una compleja sinfonía de sustancias químicas. Entre ellas se encuentran la epinefrina, la norepinefrina, los glucocorticoides (un tipo de esteroides, incluido el cortisol), las endorfinas y la vasopresina, cada una con una finalidad diferente.

La epinefrina (adrenalina) y la norepinefrina aumentan la respiración y los latidos del corazón, centran la atención y aumentan nuestra agudeza perceptiva. Los glucocorticoides desactivan el sistema inmunitario (para ahorrar energía), mejoran la memoria y aumentan la conversión de grasa en azúcar en sangre para proporcionar combustible a los músculos.

Las endorfinas nos amortiguan la sensación de dolor, lo que nos permite seguir luchando o huyendo aunque estemos heridos. La vasopresina dilata los vasos sanguíneos, ayudándonos a retener agua y a frenar las hemorragias.

El SNP libera su propia sinfonía de sustancias químicas que a menudo hacen justo lo contrario: aumentan la conversión de azúcar en sangre en grasa, estimulan la digestión, mueven el flujo sanguíneo de las extremidades al intestino, disminuyen la conciencia y la ansiedad y nos hacen sentir cansados. La melatonina es un buen ejemplo y regula los ciclos circadianos de sueño del organismo.

Cuando los dos sistemas funcionan en equilibrio, es una maravilla contemplarlos. Respondemos a los peligros con la máxima eficacia cuando se producen. Almacenamos energía con calma en los periodos de inactividad para prepararnos para la siguiente llamada a la acción.

De hecho, todo en la naturaleza puede verse como el viejo dilema de la inversión. Un oso acumula capas de grasa para prepararse para la hibernación; la liebre de raquetas de nieve gasta su energía en el crecimiento de un grueso pelaje de invierno; ambos eligen el camino lento y constante para el éxito a largo plazo en lugar de gastar los recursos en ráfagas de diversión.

La hormiga y el saltamontes

Quizá recuerde la fábula de Esopo sobre la hormiga y el saltamontes, en la que éste se pasa los calurosos meses de verano cantando y bailando en la hierba, disfrutando de la abundancia. Mientras tanto, la hormiga pasa el verano almacenando meticulosamente comida para el invierno. Cuando llega el invierno, el saltamontes se muere de hambre y acude a la hormiga en busca de ayuda.

En este cuento científico, el SNP es la hormiga y el SNS es el saltamontes. El SNP nos prepara para la digestión y el descanso, mientras que el SNS moviliza los recursos para la acción física, preparándonos para las emergencias.

El SNS está especializado en la acción a corto plazo, menos eficaz y de alta intensidad, útil en una crisis. Agudiza nuestros sentidos, dilatando las pupilas y centrando nuestra atención incluso en los sonidos o sensaciones táctiles más insignificantes. Acelera los latidos del corazón, aumentando el flujo de sangre y oxígeno a los músculos.

El SNS provoca algunos cambios físicos que tienen algo menos de sentido y suelen ser bastante menos convenientes. Desencadena la piel de gallina (piloerección), inhibe la digestión, disminuye la saliva e incluso puede hacer que se suelten los intestinos. Algunos de estos cambios tienen sentido desde una perspectiva evolutiva. La piel de gallina puede hacer que la piel humana tenga un aspecto extraño y resulte incómoda. La misma reacción hacía que el pelaje de nuestros antepasados mamíferos más peludos se erizara, haciéndoles parecer mucho más grandes e intimidantes para los depredadores.

Cuando estos dos sistemas funcionan en equilibrio, todo funciona extraordinariamente bien. Nos mantenemos en forma, sanos, felices, alimentados, descansados y listos para la acción. Sin embargo, si el saltamontes hace demasiadas fiestas, pronto a la hormiga no le queda comida extra que darle. Este es el destino de la persona crónicamente estresada que, incapaz de dormir o comer, cae enferma.

Contrariamente a Esopo, un exceso del comportamiento de la hormiga puede ser igual de perjudicial. Todo descanso y nada de juego tampoco es divertido. Nos deja gordos, lentos, somnolientos y deprimidos. Peor aún, la vida moderna puede dejarnos estresados y agotados, haciendo que tanto el SNS como el PNS estén activos simultáneamente.

Piloerección en un gato

Es una situación peligrosa para el organismo. Según Robert Sapolsky, uno de los principales investigadores sobre el estrés, es como pisar el acelerador y los frenos al mismo tiempo: malo para el motor y para los frenos.[6]

El problema de nuestra respuesta de lucha o huida es que, si bien está brillantemente adaptada para hacer frente a crisis físicas a corto plazo, no es tan buena para lidiar con los tipos de crisis psicológicas, profesionales y financieras a las que nos enfrentamos en la vida moderna. Las emergencias a las que se enfrentaban nuestros antepasados se superaban rápidamente. La tropa ofrecía señales inequívocas de "¡todo despejado!" que nuestro cuerpo podía utilizar para desconectar el SNS.

Un ñu atacado por un león experimenta una crisis que termina rápidamente: se lo comen o escapa. El organismo puede poner fin a la respuesta de estrés cuando se produce uno de estos dos desenlaces. Las emergencias modernas pueden ser similares, y a veces tenemos suerte.

Si está a punto de perder su vuelo, la respuesta de lucha o huida (valga el juego de palabras) puede ser justo lo que le ha recetado el médico. Con poca antelación, puede ayudarle a correr por la terminal con el equipaje a cuestas, evitar colisiones con otros viajeros y encontrar su puerta de embarque. La crisis se acaba y la respuesta de estrés puede desactivarse cuando embarque o pierda el vuelo.

Por desgracia para nuestra salud y nuestras inversiones, los factores de estrés modernos pueden persistir durante largos periodos de tiempo, rodeándonos de terrores reales e imaginarios, sin final a la vista. Oyes el rumor de una empresa de que los despidos son inminentes; puedes vivir durante meses, sin alivio, bajo el temor de perder tu empleo. Las noticias de la noche siembran el miedo sobre la última recesión, la variante Covid o la guerra.

Las noticias sobre el aumento de la delincuencia y la violencia armada pueden hacer que uno tenga miedo de salir de casa. Los temores inflacionistas y los precios de la gasolina pueden estresar a cualquiera. Y no hablemos ya de los pronósticos electorales, que auguran una catástrofe segura para el país en caso de que gane el otro bando.

A diferencia de las situaciones a las que se enfrentaban nuestros antepasados, los rumores de despidos, los virus letales, las recesiones y los delincuentes que acechan en la oscuridad son peligros nebulosos e invisibles. Las amenazas percibidas persisten mientras pensamos en ellas, aunque no exista ningún peligro inmediato. Y aunque las situaciones estresantes acaban por terminar -el trabajo se salva y la temporada de gripe o Covid pasa sin enfermedad-, persisten mucho más tiempo del que nuestros cuerpos y mentes están hechos para soportar.

Visto desde la perspectiva de la evolución del reino animal, el estrés psicológico sostenido es una invención reciente, limitada sobre todo a los humanos y otros primates sociales.
Robert Sapolsky

Vendedores

Recordemos a nuestro indigente que acaba de recibir su declaración de inversión trimestral en la que se le informa de una gran pérdida. Esto seguramente activará su SNS, movilizando una rápida ráfaga de recursos que le permitirán huir como alma que lleva el diablo o responder con un rápido y despiadado contraataque. Si estas fueran las respuestas adecuadas, el sistema estaría bien diseñado para la tarea.

Por desgracia, no está bien diseñado para ayudar a tomar decisiones financieras sensatas. Nunca se concibió para un uso crónico constante, que da lugar a lo que ahora llamamos estrés. En otras palabras, no tendrás una vida muy agradable ni de calidad si tu cuerpo responde constantemente a los informes financieros como si fueran leones embistiendo.

El inversor del siglo XXI que contempla una pérdida puede sentir las mismas emociones que sentían nuestros antepasados cuando eran atacados por animales salvajes. Nuestro reflejo de lucha o huida[7] se pone en marcha y debemos luchar o huir del peligro a toda costa.

A menos que alguien se vea continuamente superado por noticias negativas, la sensación de lucha o huida suele durar poco. Un inversor que experimenta un diluvio de malas noticias puede sufrir el mismo pavor, depresión, dolor de cabeza, dolor de estómago e insomnio que nuestros antepasados cuando se enfrentaban a un peligro mortal. Y mientras que para nuestros antepasados la amenaza probablemente habría pasado rápidamente, el inversor de hoy no es tan afortunado.

Ésta es una de las razones por las que los inversores modernos acaban aferrándose a señales artificiales de parada, incluso cuando saben que es lo irracional. Exigen vender en el fondo del mercado y bloquear sus pérdidas, sólo para poner fin a la horrible respuesta de estrés que les está robando su calidad de vida.

Si te angustia algo externo, el dolor no se debe a la cosa en sí, sino a tu estimación de ella; y ésta tienes el poder de revocarla en cualquier momento.
Marco Aurelio

Reacción de emergencia en la fase de vida

Otra fase avanzada de contemplar pérdidas sustanciales podría hacer que un inversor entrara en la fase de emergencia vital[8] reaction. Un síntoma común de este cruce es la incapacidad de dejar de pensar en la pérdida combinada con una negatividad repetitiva abrumadora. La víctima busca continuamente información actualizada sobre la situación.

Los medios de comunicación e Internet -que buscan maximizar los ingresos publicitarios aumentando la participación de la audiencia- son cómplices voluntarios, proporcionando a los inversores un flujo constante de noticias cada vez más nefastas (y a menudo exageradas) durante una recesión.

No es de extrañar que todo esto pueda convertir a un inversor moderno en un neurótico clínico. Y no todo está en la cabeza del inversor. Es una reacción muy real que afecta a la mayor parte del cuerpo, y el resultado natural del miedo constante que posiblemente salvó a nuestros antepasados de ser asesinados o devorados. Tener la reacción de lucha o huida es natural e incluso saludable en algunas circunstancias. El paso a la reacción de emergencia no es saludable para los inversores ni para sus decisiones de inversión.

Las finanzas conductuales han investigado los sesgos que afectan al juicio de los inversores. Si un inversor está enfermo, vende sus inversiones más a menudo. Si un inversor se siente mal del estómago, vende sus inversiones más a menudo. La lógica y la inversión sensata tienen menos que ver con la decisión que cómo se siente uno.

Además, algunas personas son más susceptibles que otras a las reacciones adversas. Los inversores que heredan una dosis triple de la reacción pueden verse obligados a vender en el punto más bajo de un ciclo de mercado. Observe un gráfico de cualquier valor cuando alcanzó su precio mínimo; esa caída marca un día en el que millones de inversores vendieron, a pesar de que probablemente sabían que debían vender caro y comprar barato.

A menudo se alcanzan los mínimos del mercado en un día de volumen récord como resultado de que los inversores venden exactamente en el momento equivocado, el momento preciso en el que deberían estar comprando como locos para comprar en el mínimo y obtener beneficios. Por definición, un mínimo de mercado se produce cuando el riesgo de que las acciones bajen es nulo.

Los inversores que venden en el momento más bajo acumulan pérdidas, a veces de por vida. Desde el punto de vista de la riqueza, vender en el momento más bajo es la acción más perjudicial que pueden realizar los inversores. Los inversores que se limitan a ignorar las malas noticias probablemente conservarán sus inversiones y verán cómo el perro del día se convierte en la siguiente acción de alto vuelo.

Apliquemos de nuevo la Prueba del Pato, para asegurarnos de que nunca vendes a la baja.

1. Tu compañero de trabajo, tu vecino o tu cuñado te han aconsejado que vendas porque ellos acaban de hacerlo.

2. Su periódico local publica en portada un gráfico de la bolsa y advierte de que va a bajar.

3. Twitter, Facebook e incluso las publicaciones de inversión dicen que nunca ha estado tan mal y que va a empeorar.

4. Los analistas predicen que la situación empeorará.

5. Abundan las predicciones funestas. Muchas fuentes aconsejan un cambio inmediato al efectivo.

6. Se forman organizaciones como Occupy Wallstreet para luchar o protestar. Puede que incluso se forme un movimiento político, se aprueben nuevas leyes, se escriban libros y se emitan especiales en televisión.

Los que se congelan pueden simplemente dejar de leer sus declaraciones. Su estrategia de comprar y mantener puede ser la reacción menos perjudicial, sobre todo durante una grave recesión.

Como inversor, debe saber quién es antes de tomar decisiones de inversión. Considere si es propenso a reacciones de lucha o huida, o mejor, comente primero la posibilidad con un profesional de la inversión cualificado.

De lo contrario, podrían producirse costosas reacciones impulsivas en respuesta a una caída significativa del valor de la cartera. Un cierto conocimiento de la psicología del inversor, de los principios de las finanzas conductuales y de la historia del mercado puede ayudar a evitar el pánico en la parte baja de un ciclo de mercado. Lo que baja puede y suele volver a subir si se deja.

Saber que el inversor actual es propenso al pánico puede ser un dato valioso. La omnipresencia de noticias negativas hace más probable que los inversores pasen de la reacción normal de lucha o huida a la reacción más grave de la fase vital de emergencia. Algunos inversores podrían sufrir depresión clínica o trastorno de estrés postraumático financiero. La gente realmente saltó desde las ventanas de Wall Street durante el desplome del mercado de 1929.

Recientemente, el S&P 500, un índice bursátil de las 500 mayores empresas de Estados Unidos, obtuvo una asombrosa rentabilidad del 24% en sólo 90 días. El 1 de abril de 2020, el índice se situaba en 2.498,08 y terminó en 3.105,92 el 1 de julio de 2020. Numerosos estudios demuestran que los mejores resultados de los índices suelen producirse después de un mercado bajista.

Hay que estar invertido para obtener las mejores ganancias de días, semanas y meses en bolsa. El índice cayó un estremecedor 16% durante el mes de marzo de 2020.

Más recientemente, el Nasdaq, bolsa estadounidense con sede en Nueva York y que ocupa el segundo lugar tras la Bolsa de Nueva York, perdió más del 34% desde su máximo de noviembre de 2021, e incluso podría bajar más.

Para el inversor presa del pánico, son tiempos difíciles. Pero por cada vendedor hay otro inversor que está comprando. Cuando termine la recesión, los compradores serán los que obtengan los mejores rendimientos.

Las valientes almas sabias que mantuvieron el rumbo con carteras sólidas y equilibradas se recuperaron con creces y ahora tienen ganancias saludables. Los indigentes que vendieron en el momento más bajo se quedaron con las pérdidas. Los sabios inversores que invirtieron nuevo efectivo el 1 de abril de 2020 van camino de hacerse ricos. El futuro está aún por desvelar.

Sobre la impaciencia

La humanidad no siempre ha tenido el éxito que tiene hoy nuestra especie. Nuestros antepasados se enfrentaban a menudo a la extinción. A lo largo de millones de años de evolución, desarrollamos habilidades para evaluar situaciones casi al instante. Esas habilidades y su estudio se denominan heurística.

La heurística nos permite tomar decisiones rápidas con un mínimo de información. Los ordenadores modernos pueden realizar miles de millones de cálculos matemáticos por segundo, pero les cuesta tomar decisiones sencillas en condiciones de prisa o incertidumbre. La mente moderna del hombre funciona de forma idéntica a la de sus antiguos antepasados cuando se trata de tomar decisiones rápidas y precisas con información limitada.

Especulemos cómo percibía el hombre antiguo su entorno. Todos los sentidos habrían alertado a nuestros antiguos parientes del peligro, la oportunidad y el funcionamiento social de la tropa. Si se acercaba un tigre o un león, reaccionaban rápidamente y corrían para ponerse a salvo.

De lo contrario, habrían muerto antes de transmitir sus genes. Nuestros antepasados prehistóricos no podían derrotar a un depredador con los dientes o los puños, ni dejarlos atrás. Evitaron la extinción pensando más rápido y con más precisión que otros animales salvajes. El tópico tan repetido de que "tu primera elección suele ser la más acertada" puede ser más exacto de lo que nadie sospechaba.

Los hombres y mujeres modernos toman decisiones de inversión en fracciones de segundo que pueden ser acertadas o no. El problema es que los mercachifles y los vendedores saben aprovecharse de nuestra heurística.

Dado que es probable que los inversores se enamoren de una empresa o acción si se caracteriza por ciertos atributos, son siempre vulnerables al pump and dump, a las acciones "de cuento" y a los esquemas Ponzi que pregonan inversiones poco sólidas.

Bernard L. "Bernie" Madoff dirigió el mayor esquema Ponzi conocido, a partir de la década de 1960. La empresa de Bernie era exclusiva. Los ricos hacían cola para comprar lo que Bernie vendía. Sus declaraciones eran espectaculares: los clientes obtenían una media del 15% anual y nunca sufrían un año de pérdidas.

Podía mirar a un cliente a los ojos y mentir. Su heurística era impecable. Las víctimas declararon que suplicaban a Bernie que les quitara el dinero. Cuando sus hijos alertaron a las autoridades de que algo iba mal el 11 de diciembre de 2008, el pasivo de la empresa se estimaba en unos 50.000 millones de dólares.

Ojalá la historia de Bernie fuera insólita, pero no lo es. En la mayoría de las ciudades hay alguien como Bernie en quien confías instintivamente, quizá un miembro de tu iglesia. Él o ella promete un retorno garantizado.

"Puede que no le haga rico, pero le garantizo que no le haré pobre" era el eslogan de un estafador Ponzi local que garantizaba un 12% anual cuando los bancos pagaban un 4%. El hecho de que los estafadores Ponzi pasen probablemente el resto de sus vidas en la cárcel no sirve de mucho a las víctimas.

La forma en que se presenta una historia puede influir mucho en las decisiones instantáneas de un inversor. Suelen aceptar la promesa "infalible" del estafador e ignoran el enfoque razonado del asesor de inversiones honesto. El adagio que ha oído cientos de veces -si es demasiado bueno para ser verdad, probablemente lo sea- se repite una vez más.

Los depredadores que se hacen pasar por asesores y gestores patrimoniales florecen en la jungla de la inversión del siglo XXI. Su ventaja sobre los depredadores que evolucionamos para evitar es que saben explotar los puntos ciegos de nuestro cerebro.

Una artimaña con éxito consiste en mostrar un rendimiento pasado brillante pero fraudulento o prometer garantías falsas. Así lo hizo Bernie Madoff.

Apliquemos la Prueba del Pato. ¿Qué aspecto tienen los estafadores o los conspiradores de Ponzi? He aquí algunos ejemplos:

1. Le prometerán una tasa de rentabilidad excepcional.

2. Parecerán dignos de confianza y prósperos.

3. Se tumban fácilmente, sin inmutarse.

4. Prometen una garantía que no ofrecen otros para inversiones similares.

5. Personas de confianza han comprado, basándose en avales y testimonios.

6. Son propensos a utilizar su iglesia o sinagoga como lugar de comercialización. Bernie era judío y vendía principalmente a inversores de su fe. Con frecuencia utilizaba la fe para cerrar el trato. La mayoría de los profesionales no comercializan a través de la iglesia.

7. Dan respuestas evasivas. Cuando se les pregunta si la inversión es líquida, responden: "Puedes obtener un 10% al año sin penalización". Traducción: No tiene

liquidez. El 90% está inmovilizado durante mucho tiempo.

8. Hacen mucha publicidad.

Hay muchas formas en que los inversores se dejan llevar por sus emociones. Cada vez que alguien se emociona con una inversión, es probable que se vea perjudicado por malas decisiones. Si está especialmente emocionado por una inversión, quizá sea mejor que retrase su decisión.

Le advierto de que es probable que esto sea así cuando venda después de una caída del mercado o compre después de una subida. Puede volver a la Introducción y repasar la toma de decisiones APT: Reconocer, Pausar y Pensar. El mero hecho de saber que hay sustancias químicas muy potentes recorriendo su cuerpo y su cerebro debería hacerle hacer una pausa.

Durante los periodos de extrema volatilidad del mercado, recuerdo constantemente a mis clientes que sus inversiones son de buena calidad y les están ayudando a cumplir sus objetivos pagando un dividendo razonable, intereses o creciendo a un ritmo razonable. Es probable que sus ingresos por inversiones no hayan disminuido, y es muy poco probable que el mundo no se esté acabando.

Un tema similar que a menudo permitirá a un inversor relajarse sigue al consejo de comprar y mantener. "Su cuenta estará probablemente más alta dentro de un año". Si la economía está en crisis, dentro de un año la crisis habrá pasado, las elecciones estarán decididas y la incertidumbre no será un problema para los inversores.

Del mismo modo, puede que tenga que advertirles de que la nueva "inversión de oro" de la que han oído hablar puede entrañar más riesgo que su cartera actual, aunque la publicidad diga que "los beneficios se han duplicado en la última década".

Es difícil para muchos inversores creer que los anunciantes o vendedores pueden ser engañosos. Cuando alguien cree, que va a obtener un beneficio fenomenal en una inversión, como la estafa del dinar iraquí que sigue circulando, los productos químicos explotan en su cerebro.

Esta explosión roza el golpe de una poderosa droga. Me veo obligado a devolverles a la realidad. Les ayudo a APT o a hacer una pausa y reflexionar.

Los organismos reguladores del mercado de valores, como FINRA® y la Comisión del Mercado de Valores, suelen emitir órdenes de cese y desistimiento. Los vendedores convencen a los inversores para que vendan sus sólidas inversiones bursátiles. "Las acciones son demasiado arriesgadas" o "perderán todo su valor" durante el próximo desplome y compren lo que están vendiendo.

Bitcoin, las monedas de oro, las inversiones en petróleo y gas y las penny stocks se presentan con frecuencia como seguras. Lo que los vendedores de esas inversiones no le dirán es que hay una comisión del 25% para el estafador o que la cuenta de moneda digital no existe realmente.

Los más vulnerables son los inversores jóvenes y los mayores. Los inversores de edad avanzada son los más afectados porque tienen el dinero y pueden haber perdido la capacidad mental para tomar decisiones. Los GenXers y los millennials son el objetivo porque carecen de experiencia y es probable que quieran las riquezas rápidas prometidas por los estafadores.

La FINRA® y la SEC están emitiendo una normativa tras otra que intenta reducir el abuso y el fraude. Los asesores reciben formación cada año sobre cómo reconocer el abuso de ancianos, el blanqueo de dinero, las estafas y el robo de identidad. Es su responsabilidad reducir sus propias posibilidades de ser víctima.

Capítulo III

Predicciones

Tanto si se trata de predecir patrones en nuestro entorno como patrones en los precios de las acciones, nuestros cerebros del siglo XXI y los de nuestros antiguos antepasados funcionan de la misma manera. Nuestros antepasados podían calcular la trayectoria de vuelo de un pájaro, su ubicación futura y la velocidad y trayectoria de una flecha.

Con la práctica, podían disparar a la cena desde el cielo. También tenían que predecir el cambio de las estaciones y las pautas meteorológicas y prepararse en consecuencia. Nuestros cerebros son los dispositivos de predicción más avanzados y eficaces del mundo.

Hoy en día, a menudo utilizamos la capacidad de predicción de nuestro cerebro cuando jugamos. Hay golfistas capaces de golpear una bola a más de 200 metros y pararla a escasos centímetros del hoyo. Piense en la habilidad de un pescador que puede hacer aterrizar una mosca seca río arriba en un pozo de truchas sin arrastre en el sedal para que un pez se eleve y muerda el cebo artificial. Puede que usted no posea estas habilidades, pero su mente es capaz de realizar estas acciones.

Todos somos un grupo de cazadores-recolectores.
Mira el béisbol. Es sólo una piedra y un palo. El
hockey es una piedra, un palo y una pelea. El golf
es una piedra, un palo y un agujero en el suelo.
Alan Parisse

Sin embargo, nuestro incesante afán por predecir tiene un lado oscuro. Los humanos del siglo XXI estamos predispuestos a encontrar patrones en cualquier fuente de información. A menudo creemos ver un patrón cuando no existe ninguno. Es un vestigio de la antigüedad, cuando los ciclos continuos eran evidentes. Las aves seguían sus predecibles rutas de vuelo; las estaciones se repetían año tras año.

El mundo antiguo era más predecible. Los acontecimientos del mundo actual implican interacciones económicas y políticas cada vez más complejas que no dependen de los ciclos naturales. A diferencia del hombre moderno, nuestros antiguos familiares no se enteraban instantáneamente de terremotos o hambrunas al otro lado del planeta. Hoy tenemos que soportar los comentarios especulativos minuto a minuto de cientos de expertos bienintencionados, y las malas noticias siempre dominarán los titulares.

El agua fluía previsiblemente del arroyo cercano a la cueva de nuestros antepasados, pero ¿podemos suponer que los dividendos fluirán eternamente de las acciones petroleras o bancarias? ¿Continuará el índice Dow Jones[9] (DJIA) en la misma dirección mes tras mes, año tras año? ¿Seguirán subiendo esas acciones tecnológicas?

La evidencia histórica nos dice que estas suposiciones son obviamente falsas, pero aun así nos dejamos embaucar para creerlas. Confiamos en que el oro o los bienes inmuebles seguirán subiendo -o bajando- en función de la situación de los mercados en cada momento.

El problema es que los mercados financieros nunca parecen alinearse con los ciclos estacionales predecibles a los que se enfrentaron nuestros antepasados. Como resultado, seguimos intentando forzar la evidencia para que encaje en patrones simples y comprensibles.

El mundo del siglo XXI es cualquier cosa menos predecible; la predictibilidad bursátil es aún más difícil de alcanzar. El movimiento diario de las cotizaciones bursátiles es bastante aleatorio[10] , y sin embargo los inversores que operan a diario gastan fortunas en programas informáticos que pretenden predecir un patrón. Nuestro instinto nos dice que si reunimos suficiente información sobre una acción o inversión que queremos comprar o vender, el éxito está asegurado.

Aunque existen patrones, los movimientos de los mercados y las inversiones siguen siendo impredecibles. Sin embargo, el pobre cerebro sigue haciendo predicciones. Algunas pueden incluso tener sentido intuitivo, pero, de nuevo, la intuición puede traicionar al inversor.

Por ejemplo, cuando surge la amenaza de guerra, es probable que la bolsa reaccione a la incertidumbre bajando. No hay certeza, pero la mera perspectiva de guerra basta para hacer descarrilar a la bolsa. La bolsa odia la incertidumbre. Las acciones bajan debido a la incertidumbre. Si se declara la guerra y comienzan los combates, la certidumbre resultante suele desencadenar una subida.

A la bolsa le gusta la guerra. Las fuerzas armadas compran armas y vuelan cosas por los aires. Las empresas obtienen beneficios suministrando armas, municiones, armamento y otras herramientas de conflicto. El empleo se dispara. El dinero fluye. Aparte de la pérdida de vidas, es probablemente una forma fiable de estimular la economía.

Así que cuando llega la guerra, es un buen momento para comprar acciones, ¿verdad? Bueno, eso depende del tipo de acciones. El mejor momento para comprar acciones de la industria de defensa es cuando no se habla ni se contempla la posibilidad de una guerra, porque es cuando los precios y los beneficios son más bajos. Del mismo modo, el mejor momento para comprar oro es cuando la incertidumbre económica es baja.

Por el contrario, las acciones de defensa podrían venderse cuando se declare la guerra y comiencen los combates o, con toda seguridad, antes de que se declare la paz. Un buen momento para vender oro es probablemente cuando la incertidumbre económica es mayor. El futuro está aún por escribir, pero en el pasado este patrón ha demostrado ser cierto.

¿Por qué ocurre esto tan a menudo?

Porque los pobres compran oro cuando la incertidumbre económica está en su punto álgido. Compran acciones de defensa cuando se anticipa la guerra, se declara, y cuando se restablece la paz. Por supuesto, es entonces cuando los precios suelen ser más altos. Los pobres pagan precios altos por todo. Los que venden a precios altos a los indigentes obtienen grandes beneficios. ¿Quieres vender tus cosas infladas a los pobres a precios altos? Para ello, necesitas un plan.

Los bonos se comportan de manera algo diferente. Los bonos de alta calidad y larga duración suelen revalorizarse cuando bajan los tipos de interés de bonos similares de nueva emisión. El momento de comprar bonos de alta calidad y larga duración suele ser cuando los tipos de interés han subido. El momento de vender es cuando los tipos de interés han bajado. Es difícil saber cuándo los tipos de interés causarán problemas.

Los bonos de mayor calidad suelen ofrecer una rentabilidad sin riesgo si se mantienen hasta su vencimiento. Los pobres compran certificados de depósito a corto plazo que ofrecen tipos de interés más altos al final de un ciclo de auge, justo cuando deberían comprar bonos de larga duración y alta calidad.

Ahora que ya tenemos definido el terreno de juego, vamos a debatir si se siente cómodo comprando y vendiendo inversiones porque intuye que deberían, podrían, podrían o deberían subir o bajar de valor.

A menudo, los analistas se sienten desconcertados por lo que ocurre. La solución puede ser ignorar a los analistas. Deje de intentar predecir lo que ocurrirá. En los capítulos siguientes, le explicaré cómo crear una cartera equilibrada que le ayude a superar el impulso de predecir los mercados.

Esta es la transición más difícil que hago en este libro. Operar usando tu instinto o intuición es la estrategia menos exitosa. Saber en qué punto del ciclo económico nos encontramos es muy necesario. Poseer acciones y bonos apropiados para la situación económica actual vale 100 veces el precio de este libro.

Hay un dicho que dice que cada día en la bolsa es un "paseo aleatorio" para los inversores. Cada día tiene sus propias razones para las operaciones que se producen. Yo creo que cada mercado bursátil tiene su propio ciclo que se repite una y otra vez. Hay patrones predecibles que surgen una y otra vez.

Hay ciclos de varias duraciones, pero me voy a centrar en los ciclos de uno y de cuatro a ocho años. Se trata de los ciclos más predecibles y negociables, denominados ciclo de caída y auge y ciclo de venta en mayo y retirada y repunte de fin de año.

El ciclo de caída y auge está causado por la política monetaria de la Reserva Federal y las tendencias económicas mundiales y nacionales. El ciclo "Vender en mayo y marcharse" y "Repunte de fin de año" se debe al comportamiento anual recurrente de los inversores.

Para los indigentes, es una moneda al aire sobre cómo pueden interpretar los datos. No recomiendo intentar comprender cómo funciona cada ciclo a menos que se tenga formación en estudios económicos. Francamente, sería mejor que te limitaras a lanzar una moneda al aire en lugar de dejar que tu intuición e instintos gobiernen tu forma de invertir.

Esto se va a poner interesante y divertido. Siga con ello. Aquí es donde realmente tendrás una base para comprar la cartera adecuadamente equilibrada para el momento económico en el que nos encontramos hoy.

El ciclo de auge y caída

El ciclo de auge y caída (o ciclo económico) está causado por las expansiones y contracciones normales de las empresas. La teoría económica afirma que durante una actividad económica lenta o una recesión, los tipos de interés suelen ser más bajos debido a una menor demanda de préstamos.

Cuando los tipos de interés son más bajos, las empresas piden dinero prestado y se expanden. Cuando las empresas se expanden, piden más productos, lo que estimula la expansión de otras empresas.

Los precios suben al aumentar la demanda de bienes, servicios y mano de obra. Las empresas contratan a más trabajadores durante la expansión y, en consecuencia, desciende el desempleo. Hay menos trabajadores disponibles en la reserva de mano de obra desempleada.

En algunos casos, los empresarios inician una guerra de ofertas por los trabajadores, lo que se traduce en salarios más altos. Los sindicatos negocian salarios cada vez más altos.

En este entorno económico, reina el optimismo. Los ingresos fiscales aumentan y los gobiernos se comprometen a prestar más servicios y contratar a más trabajadores, lo que alimenta otro aumento de los costes laborales globales. Los precios de las materias primas también suelen subir.

Los precios de los bienes, servicios y mano de obra suben en espiral hasta que la inflación empieza a erosionar el poder adquisitivo del consumidor. Esto provoca la intervención de la Junta de la Reserva Federal (FED), que eleva los tipos de interés a corto plazo. A menudo, los tipos de interés a corto plazo son más altos que los tipos de interés a largo plazo porque las empresas ya no piden prestado.

Puede producirse una curva de rendimiento invertida o plana, indicada por unos tipos de interés a largo plazo más bajos que los tipos de interés a corto plazo, lo que confundiría aún más a empresarios, consumidores e inversores. El mercado de valores alcanza un nuevo máximo. Los inversores prudentes venden acciones e invierten en deuda a largo plazo de alta calidad.

Sube el coste de los préstamos, sube el coste de los productos. Esto hace que las empresas sean menos rentables. Las empresas empiezan a perder la fe en la expansión. Las empresas y los consumidores compran menos. Los beneficios disminuyen y, con el tiempo, empiezan a aparecer pérdidas en los balances.

Los gobiernos empiezan a recaudar menos ingresos y son incapaces de prestar todos los servicios prometidos. La mayoría de las empresas y gobiernos empiezan a despedir empleados. Una contracción ha empezado a apoderarse de la economía.

Aumenta el desempleo. La confianza disminuye. Las empresas empiezan a sentir la presión de los prestamistas. A menudo se recurre a la deuda, o suben los tipos de interés para los que tienen menos crédito.

Las empresas pueden encontrarse en situación de impago de deudas o tener que tomar medidas drásticas para recaudar fondos vendiendo activos duros, como inmuebles, para seguir siendo solventes. Hay demasiados inmuebles en el mercado y pocos compradores. Los precios inmobiliarios caen.

La FED baja los tipos de interés a corto plazo. Esto continúa durante meses y a veces años, inyectando liquidez en el mercado y haciendo que las empresas sean más rentables. Las empresas y los gobiernos están en plena contracción y recortan inventarios, costes laborales, suministros y compras de todo tipo.

Los beneficios son bajos. Aumentan las pérdidas. Los consumidores temen que la economía no se recupere. La FED sigue bajando los tipos de interés y utilizando todos los trucos habidos y por haber para estimular la economía.

El desempleo alcanza una cifra espantosamente alta y se prevé que aumente aún más. La FED baja los tipos de interés a corto plazo hasta mínimos históricos.

Los consumidores entran en pánico. Los pobres inversores venden sus inversiones a precios mínimos. Las empresas quiebran. Los bancos quiebran y son absorbidos por la FDIC.

Mientras tanto, los inversores informados compran acciones e inversiones inmobiliarias con fundamentos sólidos durante la venta masiva. Los inversores pobres compran certificados de depósito a tipos de interés inauditamente bajos, inmovilizando su dinero... a veces durante años.

Una vez que el sistema ha exprimido hasta la última inversión de calidad de los indigentes, se declara que se ha tocado fondo y comienza la recuperación.

El desempleo, un indicador rezagado, suele alcanzar su punto máximo meses después. La gente piensa que el desempleo es malo para las empresas y los beneficios, pero lo único que significa es que las empresas tienen mano de obra asequible y costes reducidos. Los beneficios empiezan a subir y la bolsa se adentra en el rally del siguiente ciclo.

Los precios de las acciones suben, lo que indica que los sabios inversores prevén una recuperación. Los estímulos de la FED tardan entre seis y dieciocho meses en surtir efecto. Los inversores prudentes compran antes de que toque fondo la recesión.

¿Cómo lo saben? En el momento en que la FED sube los tipos de interés a corto plazo, los sabios inversores anticipan la recesión, venden acciones y compran bonos AAA de alta calidad.

Históricamente, este ciclo ha durado una media de cinco años, pero puede ser más corto o más largo. Desde la fase de contracción hasta el fondo de la recesión transcurre un año de media, y desde el auge expansivo hasta la fase de contracción transcurren cuatro años de media.

Las expansiones más prolongadas se caracterizan por un crecimiento lento, tipos de interés bajos y un aumento del desempleo. Las expansiones más cortas se caracterizan por un crecimiento rápido, un bajo desempleo y tasas de inflación más elevadas.

Hay dos puntos de inflexión cuando los inversores prudentes realizan cambios en sus carteras equilibradas. El primero, el punto A, es cuando los inversores prudentes empiezan a retirar de la mesa ciertas clases de inversiones que pierden valor durante la contracción y compran inversiones que se revalorizan durante la contracción y la recesión.

El punto A se caracteriza por el endurecimiento del crédito por parte de la FED. Las empresas y las acciones están fuertes. La curva de rendimientos[11] se mantiene estable pero empieza a aplanarse.

Los inversores institucionales intuyen la llegada de la desaceleración y comienzan a invertir en bonos de mayor duración. Las empresas están comprando materiales y acumulando existencias de forma agresiva.

El empleo es estable, pero cada vez es más difícil y costoso contratar. Las empresas astutas frenan la contratación y el crecimiento. El crédito es abundante y barato. La confianza de los consumidores es alta. La inflación se acelera.

En los meses siguientes, los sabios inversores pusieron en marcha un plan para:

- Recoger beneficios de los bonos de baja calidad crediticia que han repuntado durante la fortaleza de la economía; reducir la exposición a bonos basura y bonos corporativos de menor calificación.

- Aumentar la calidad de la cartera de bonos comprando bonos de agencias del Tesoro AAA, CMO AAA y bonos municipales de máxima calificación.

- Reducir la duración o vender la deuda de baja calidad y aumentar la duración de la deuda de alta calidad.

- Vigile la volatilidad de la renta variable. A medida que aumente, debería empezar a rotar de las inversiones de crecimiento a los materiales, la energía, la atención sanitaria, los productos farmacéuticos y los valores de gran capitalización que pagan dividendos.

- Evite dejarse engañar por los elevados rendimientos a corto plazo. Es probable que los certificados de depósito a corto plazo estén pagando buenos tipos, pero se avecina una tormenta. Los bonos a largo plazo pueden estar rindiendo incluso menos, lo que se conoce como curva de rendimiento invertida, que a menudo se considera una señal de que la recesión está a la vuelta de la esquina.

- Ten cuidado con endeudarte. Empieza a acumular efectivo.

- Reduzca las aportaciones a los planes de jubilación y prepárese para hacer cambios "conservadores" en el 401k. Realice cambios similares en sus cuentas IRA, Roth e individuales. Ponga topes en las posiciones en bolsa para reducir las pérdidas durante la volátil liquidación del mercado que probablemente se produzca. Los inversores más sofisticados comprarán opciones de venta o de protección.[12]

El punto B se caracteriza por una economía débil. La curva de rendimientos sigue empinándose. Los tipos de interés a largo plazo pueden estar en su nivel más bajo debido a la escasa demanda y al pesimismo generalizado.

La FED baja los tipos y puede estar estimulando la economía con tácticas de relajación cuantitativa[13] . Los economistas no están tan preocupados por la inflación, que parece ser preocupante en algunos sectores de la economía. El crédito es escaso. La volatilidad se dispara.

Los bonos corporativos de alto rendimiento o bonos basura a menudo cotizan más como acciones y están en pleno modo de corrección, vendiéndose irracionalmente por debajo de sus valores intrínsecos y ofreciendo rendimientos anuales atractivos y elevados.

La renta variable también está en plena fase de corrección y cunde el pánico. Aunque los economistas aún no han declarado una recesión, especulan con esa posibilidad.

Los inversores institucionales perciben un cambio y empiezan a acortar la duración de sus inversiones en bonos. Un muro de preocupación se apodera de la nación. El sector privado despide trabajadores. Los ingresos de los municipios disminuyen y se rumorean impagos municipales.

Los inversores prudentes empiezan a hacer cambios en su cartera:

- Las mejores compras en renta variable serán probablemente los valores financieros, tecnológicos, de transporte y de pequeña capitalización, en su caso.

- Los valores de los mercados emergentes pueden estar deprimidos y ofrecer atractivas opciones de compra.

- Empezar a vender bonos de alta calidad para bloquear las ganancias. Aumente el riesgo crediticio y empiece a mordisquear bonos de alto rendimiento. A medida que se agrave la recesión, concéntrese en bonos de menor calidad, cuando proceda.

- Obtenga beneficios de los bonos de larga duración; evite los bonos rescatables.

- Anticipándose a que se declare la recesión y a que la FED aumente los estímulos, los inversores agresivos aumentan la deuda.

- A medida que la Fed continúe con su ineficaz estímulo, venda las posiciones más conservadoras e invierta en el extremo agresivo de la cartera equilibrada.

- Los inmuebles suelen ser una ganga en esta fase. Compre con las dos manos si se ofrecen a precios de saldo y con rendimientos atractivos. Sea exigente. Puede haber mejores precios un poco más adelante en el ciclo, cuando la FDIC se haga cargo de los bancos.

- Apueste por la renta variable a medida que las empresas comienzan a declarar una mejora de los beneficios debido a los despidos anteriores.

Cuando la inflación se declara muerta y la deflación se convierte en el principal riesgo, los indigentes suelen vender sus buenas inversiones a precios mínimos. Pero desconfíe de comprar cantidades excesivas de bonos o acciones de empresas próximas a la quiebra.

Estos cambios pueden realizarse a lo largo del tiempo y no requieren necesariamente un cambio completo de todas las inversiones. Las inversiones básicas pueden mantenerse durante décadas con pequeños cambios porcentuales, permitiendo que la cartera equilibrada responda a los correspondientes cambios de los indicadores. Algunas inversiones pueden ajustarse a estos cambios a medida que maduran.

Consulte siempre con los profesionales de inversión, fiscales y jurídicos adecuados antes de realizar cambios en la cartera. Cualquier cambio puede tener consecuencias adversas imprevistas.

Los impuestos no son un problema en la mayoría de las cuentas de jubilación, pero a menudo causan problemas en las inversiones no cualificadas o que tributan sobre la marcha. Más adelante hablaré de cómo elegir un asesor de inversiones.

El ciclo anual

La teoría del paseo aleatorio hace creer que todos los días del año las inversiones tienen las mismas probabilidades de subir o bajar. La mayoría de los inversores han oído hablar del bajón veraniego "Sell In May And Go Away" y del repunte de fin de año.

Hay muchas otras anomalías que pueden afectar a nuestro paseo menos aleatorio como inversores. Me centraré aquí en la tendencia de los rendimientos positivos de menor riesgo a producirse de octubre a febrero.

La mayoría de los inversores institucionales intentan dar lo mejor de sí mismos cuando preparan las declaraciones anuales. Se tiende a hacer cambios en la cartera, entre tres y seis meses antes de fin de año, normalmente en verano o a principios de otoño.

Las empresas suelen disfrutar de sus mejores noticias del año en enero. La mejora de las ventas navideñas, la introducción de nuevos productos, las previsiones de ventas optimistas y el aumento de los beneficios justo antes o después de fin de año son factores que contribuyen a ello.

Los rumores de una mejora del entorno empresarial pueden empezar a filtrarse hacia noviembre. Las empresas suelen comunicar malas noticias mientras todo el mundo está de vacaciones durante el verano, con la esperanza de que sean ignoradas.

Los resultados electorales en Estados Unidos son más inciertos entre tres y seis meses antes de noviembre. Prácticamente en todas las elecciones recientes hubo momentos en los que cualquiera de los dos bandos experimentó un repunte de popularidad.

Recuerde que el mercado bursátil odia la incertidumbre. Independientemente de qué bando gane, un grupo de valores se beneficiará y otro grupo sufrirá.

Existen numerosas razones fiscales por las que los inversores venden o retienen acciones. Los valores de pequeña capitalización que pierden dinero durante el año tienden a seguir vendiéndose hasta el 31 de diciembre, lo que permite a los inversores bloquear las pérdidas fiscales. Esas mismas acciones tienden a recomprarse en enero. Esta tendencia a revalorizarse se denomina "efecto enero".

A falta de una temporada como la navideña para impulsar las ventas, los informes bursátiles tienden a ser menos enérgicos y más inciertos durante los meses de verano. Cada dos años hay elecciones en noviembre que aumentan la incertidumbre.

Según el Stock Trader's Almanac, desde 1950, el Promedio Industrial Dow Jones sólo ha obtenido una rentabilidad media superior al 0,3% durante el periodo mayo-octubre, frente a una ganancia media del 7,5% durante el periodo noviembre-abril.

Este patrón se ve interrumpido o reforzado por años de recesión como 2008-2009 o podría ser incluso más pronunciado dependiendo de si el ciclo de auge y caída del mercado comienza o termina durante el verano o el invierno.

Como consecuencia de las fuertes ventas derivadas de la recesión de 2008-2009, el rally de fin de año no se produjo. Los mercados no se recuperaron hasta el verano de 2009, cuando experimentaron fuertes ganancias.

Covid19 provocó una recesión anormalmente brusca a partir de marzo de 2020. Esto provocó la ausencia de la desaceleración natural habitual del verano. El inversor prudente debe reconocer y prestar atención a los ciclos de 4-8 años, ya que superarán a los ciclos anuales.

El 19 de octubre de 1987 se produjo la caída más espectacular de la historia del mercado bursátil, cuando el índice Dow Jones perdió 508,2 puntos (más del 22%) en un solo día. Tengo un ejemplar del Wall Street Journal en la pared para recordar aquella espectacular oportunidad de compra.

El 11 de septiembre de 2001 ocurrió de alguna manera durante el periodo del año del Triángulo de las Bermudas de inversión. La oportunidad de compra resultante no se produjo hasta dos semanas después, ya que la negociación se interrumpió tras la tragedia.

Si algo se va a romper, parece que ocurre entre mayo y octubre. Las burbujas bursátiles suelen estallar durante este periodo. Tal vez esta época del año haya desarrollado una mística basada en el legendario crash del 28 de octubre de 1929.

Los mercados bursátiles de Estados Unidos y del mundo parecían tener un repunte de fin de año normal en 2021. Los acontecimientos de cisne negro pueden ocurrir en cualquier momento, como una guerra en Ucrania. Siempre que las noticias sean todas negativas, haya incertidumbre o se produzcan acontecimientos inusuales, estos ciclos pueden interrumpirse.

Soy escéptico por naturaleza y puedo imaginar una conspiración que manipule los mercados para que los ricos puedan comprar las buenas inversiones de los inversores crédulos a precios bajísimos.

No hay pruebas de ello; es sólo la respiración natural del organismo bursátil. Si algún día se descubre una conspiración, me gustaría tener el mérito de haberla reconocido a tiempo.

Hay muchas lecciones que aprender de las pautas de años anteriores. Recuerda que cada año futuro se desarrollará a su manera. Dios concedió a la humanidad el libre albedrío.

Parece que los indigentes están decididos a ejercer su libre albedrío para vender sus inversiones de gran calidad a precios bajísimos durante el verano y principios del otoño. Los inversores sabios aprenden de esto y harán exactamente lo contrario que los indigentes.

Antes de operar con cualquiera de estas pautas, deben tenerse en cuenta las consecuencias fiscales, la liquidez, el riesgo de mercado, de tipos de interés y de inflación, así como el temperamento personal.

En ocasiones, los mercados han bajado como era de esperar, como corresponde a la depresión estival, para seguir bajando después, como ocurrió en el verano de 2008, sin alcanzar un verdadero mínimo hasta el 9 de marzo de 2009. Recuerde, los años de recesión son complicados. Vuelva a leer la explicación del ciclo de auge y recesión de este capítulo.

Esta estrategia de "Vender en mayo y marcharse", acompañada de una estrategia de "Reinvertir a principios de otoño", contribuye a lograr dos resultados positivos en la cartera: Es probable que se bloqueen los beneficios del rally de fin de año anterior y que seamos más conservadores.

Se trata también de una estrategia de inversión algo agresiva porque facilita la inversión en el momento en que el mercado toca fondo, en caso de que se produzca una venta masiva de acciones en verano o a principios de otoño. Si se equivoca al salir de los valores más agresivos en mayo, vuelva a entrar en los mercados en el momento oportuno, a finales de verano o principios de otoño, antes del repunte de fin de año.

Pasar a la acción

Aquí tienes una lista de acciones que deberías tener en cuenta para aprovecharte de los indigentes que quieren vender baratas sus buenas inversiones durante el verano.

1. A finales de la primavera, invierta un porcentaje adecuado de su cartera en inversiones líquidas conservadoras, como bonos de alta calidad y corta duración y depósitos en efectivo asegurados por la FDIC. La mayoría de las inversiones líquidas de alta calidad y baja volatilidad son adecuadas.

2. Elija un momento adecuado para "ponerse conservador". No es tanto la fecha lo que determina cuándo operar como lo que está haciendo el mercado en ese momento. Esto variará de un año a otro. Cuando el mercado sube un porcentaje atractivo, digamos del 6 al 10% o más, y está en racha en abril o mayo, los paupérrimos tienden a invertir más, lo que hace subir los precios de las acciones. Los inversores prudentes podrían cosechar algunas ganancias bursátiles del 6% o más.

3. Tenga paciencia. Si decide no invertir y el mercado experimenta su desplome veraniego, que no cunda el pánico. Sea un inversor de "comprar y mantener" y aguante. La media de los inversores que compran y mantienen es del 9-11%[14] . La recuperación tras una liquidación puede tardar unos años, pero no le pasará nada.

4. Aunque es difícil de precisar, hay que estar atento a los signos de capitulación del mercado: el momento en

que los míseros inversores renuncian a recuperar sus pérdidas y venden lo que tienen a cualquier precio. Habrá ventas desenfrenadas y poca demanda de acciones. La prensa se hará eco de las malas noticias. Puede que haya días en que los mercados experimenten una volatilidad desenfrenada. El volumen y la volatilidad récord suelen marcar los días de mayores oportunidades. Los pobres venden todo lo que tienen.

5. Si decide mover las inversiones, es probable que salga y vuelva a entrar en días menos propicios. Pero es probable que el riesgo sea menor que el de los inversores que compran y mantienen. A menudo me gustaría llegar un poco pronto a la fiesta del trading, por lo que nunca consigo los precios más altos pero me acerco cuando vendo y nunca consigo los precios más bajos cuando compro.

6. El promediado del coste en dólares (DCA) dentro y fuera de los mercados elimina la emoción y la sincronización de las decisiones de inversión. Consiste en vender un porcentaje de las acciones o bonos más agresivos en abril, mayo y junio, y aumentar poco a poco las posiciones conservadoras. Intente operar en los días de estos meses en los que los mercados han subido.

7. El siguiente paso del DCA es vender lentamente sus posiciones conservadoras y empezar a recomprar posiciones agresivas. Opere en agosto, septiembre y octubre. Por regla general, opte por comprar las inversiones más agresivas que hayan bajado más. Equilibre la cartera y evite las apuestas. Venda inversiones conservadoras y compre inversiones agresivas los días en que los mercados estén a la baja. La capitulación no se produce todos los años, pero considere la posibilidad de apostarlo todo si la reconoce.

Esto NO es inversión contraria. Este estilo de inversión implica vender caro y comprar barato. Eso no tiene nada de contradictorio. Los paupers quieren que compres sus inversiones de calidad.

Los titanes institucionales alimentan los temores de los indigentes. En estos momentos, el sistema está maduro para que usted se dé un festín con un bufé de inversiones de calidad a precios asequibles. Sólo tienes que ponerte en guardia, abrir los ojos y reconocer las oportunidades que se te presentan. Carpe diem: Aprovecha el día.

Reflexiones finales sobre las predicciones

Impresionados por alguien que afirma tener un sistema para predecir los mercados, los pobres lo invierten todo en un gestor de fondos carismático o atractivo, o peor aún, en un estafador fraudulento. Suponen que, habiendo examinado todos los datos, el gestor puede discernir un patrón.

Estos "expertos" cobran millones -y a menudo miles de millones en el caso de los gestores de fondos de cobertura- precisamente porque se supone que son capaces de ver el patrón. Sin embargo, estos famosos pronosticadores a menudo no consiguen superar al azar.

Según un informe de 2008 de iShares Performance Perspectives, después de comisiones e impuestos, el fondo medio de gestión activa superó a su índice sólo el 23% de las veces en todas las categorías de inversión y plazos.

Esto significa que aproximadamente el 77% de todos los gestores de fondos de acciones gestionados activamente obtienen peores resultados que su índice. Los pocos que superan a sus homólogos se ven ahogados por más dinero del que podría invertirse con éxito utilizando sus estrategias en el futuro. Estos fondos suelen evolucionar de ágiles depredadores a mamuts lanosos.

La deriva de estilo y el tamaño siempre afectan a la rentabilidad. Comprar la inversión más rentable sólo tiene sentido si forma parte proporcional de una cartera equilibrada.

¿Recuerda lo que dijimos antes sobre la reversión a la media? Los fondos sobre rinden porque no están equilibrados. Esa falta de equilibrio puede hacer que acaben convirtiéndose en perdedores.

Es poco probable que haya verdaderos genios gestionando fondos de inversión. Los gestores podrían superar algunas de las carencias de los inversores medios, pero también tienen serias restricciones en sus prácticas de gestión.

Los gestores se esfuerzan por tener siempre invertido un alto porcentaje de su fondo. Incluso si creen que es probable que la bolsa caiga, su folleto exige que el fondo permanezca invertido la mayor parte del tiempo. La rotación dentro del fondo también puede pasar factura.

Según un artículo del Wall Street Journal, los costes totales pueden ascender al 1,97% anual. Además de una comisión media de administración y gestión del 1,31% anual, y el coste medio de negociación podría ser del 0,66% o superior.[15] Del artículo:

"El inversor medio no puede ni siquiera empezar a hacerse una idea de estos costes adicionales", afirma Richard Kopcke, economista del Centro de Investigación sobre Jubilación del Boston College y coautor de un reciente estudio sobre las comisiones y los costes de negociación de los fondos de inversión en los planes 401k. "Simplemente no hay suficiente información. Ni siquiera cerca".

Elegir un fondo de renta variable que recientemente haya obtenido mejores resultados probablemente signifique elegir una inversión cargada de valores bancarios, tecnológicos, petrolíferos o de metales preciosos, justo cuando esos mercados empiezan a retroceder a la media o incluso a desplomarse. Sin embargo, esto es exactamente lo que suelen hacer los pobres inversores y sus asesores. Los fondos que obtienen mejores resultados un año reciben sistemáticamente la mayor parte de las inversiones al año siguiente.

Los medios de comunicación financieros y las familias de fondos promocionan los fondos de alto rendimiento. Algunos asesores piensan que están ayudando a sus clientes presentándoles sólo los fondos con mejores resultados: "¡Sólo fondos Cinco Estrellas para usted, señor!".

Lamentablemente, los valores con peores resultados que probablemente serán los mejores el año que viene nunca aparecen en la lista de valores recomendados. La baraja está en contra de los inversores, tanto si eligen sus propios valores como si contratan a un asesor.

Los inversores en fondos de renta variable suelen obtener resultados inferiores a los de los fondos comprados y mantenidos. En el periodo de veinte años comprendido entre 1987 y 2007, el fondo de renta variable medio comprado y mantenido, sin negociación y con los dividendos reinvertidos, rindió un 10,81%, mientras que el inversor medio en fondos de renta variable sólo ganó un 4,48%.[16]

Así que volvamos a someter a la prueba del pato a la nueva inversión de moda. ¿Cómo es una inversión sobrevalorada?

- Obtiene cinco estrellas de las agencias de calificación.

- El gestor de fondos aparece en el Wall Street Journal.

- Money Magazine lo nombra "Mejor Fondo" para la próxima década.

- El gestor escribe un libro sobre estrategia de selección de valores.

- La inversión tiene un gran historial que ya empieza a retroceder en el momento en que usted se entera de ella.

Si está eligiendo una acción o un fondo a largo plazo, quizá le convenga evitar los temas más candentes. A veces, los fondos obtienen mejores resultados a corto plazo por asumir riesgos elevados, concentrar la cartera en un sector estrecho o simplemente por pura suerte.

Estos fondos experimentan invariablemente rendimientos inferiores a la media, ya que vuelven a la media. También es probable que los gestores estrella de estos fondos se marchen a pastos más verdes.

Para terminar este capítulo, quiero advertirle de que no intente predecir lo que va a ocurrir leyendo o escuchando las noticias. La mayoría de las noticias son contraintuitivas.

Usted, su asesor y todos los que aparecen en las noticias de la noche pueden pensar que algo es negativo, mientras que la bolsa lo ve como algo positivo. He aquí una breve lista de noticias que pueden malinterpretarse fácilmente:

1. Un desempleo elevado podría ser interpretado por el mercado bursátil como un aumento de la productividad, y es probable que la FED estimule la economía. Eso suele ser bueno para las acciones.

2. La subida de los tipos de interés suele interpretarse como algo negativo para las inversiones, pero el dinero debe ir a alguna parte. Mientras que es probable que los bonos de alta calidad y larga duración pierdan valor en entornos de tipos de interés al alza, el valor de las acciones puede aumentar.

3. Una deuda pública récord podría interpretarse como un presagio de un aumento de la inflación, pero ¿cuándo llegará esa inflación? Saber cuándo va a

ocurrir algo puede ser más importante que saber que ocurrirá.

4. Los bajos índices de aprobación del Presidente o del Congreso pueden ser interpretados por el mercado bursátil como la probabilidad de que se produzca un cambio en Washington en el próximo ciclo electoral.

5. Lo negativo se cuece en el pastel. Las predicciones futuras de acontecimientos negativos pueden ser exageradas. Los aspectos positivos aún no se conocen o no se han revelado. A veces se revela un fondo bursátil cuando se producen noticias muy malas y la bolsa sube. Tenga paciencia.

Suena contradictorio, pero las malas noticias pueden interpretarse a menudo como buenas noticias para las inversiones. Cuando tenga un día especialmente difícil y su cuerpo rezume todas las hormonas del estrés conocidas por el hombre o la mujer, por favor, por favor, por favor, no venda sus buenas inversiones. Recuerde nuestros pasos APT de la Introducción: Reconozca que está teniendo un mal día con muchos factores estresantes; Haga una pausa y tómese un respiro; Piense en cómo puede estar malinterpretando las malas noticias. Es probable que esto sea justo la pausa que su cansado cerebro necesita para recuperar el control.

Capítulo Cuatro

La mentalidad de rebaño

Los hombres, bien se ha dicho, piensan en manada; se verá que en manada enloquecen, mientras que sólo recobran el sentido lentamente, y de uno en uno.
Charles Mackay

Volvamos una vez más a la prehistoria, donde leones, osos y lobos eran los depredadores más exitosos de la Tierra. En respuesta a esta amenaza, un solo grito de un compañero de tropa espolearía a cada uno de tus antepasados a una acción coordinada. La tropa podía quedarse inmóvil, esperando que el peligroso depredador no los viera, correr a refugiarse trepando a un árbol o armar un furioso contraataque con palos y piedras. Esa unidad de grupo debió de funcionar bastante bien; de lo contrario, la tropa habría muerto en un ataque y tú no estarías aquí.

El hombre moderno conserva las mismas tres respuestas a las señales de socorro cuando se trata de invertir, montando a menudo una respuesta colectiva simultánea. Esta coordinación social explica las subidas y bajadas masivas de los mercados bursátiles. Los medios de comunicación de masas, Internet y ahora las redes sociales pueden exacerbar el impacto al difundir la información por todo el mundo de forma casi instantánea.

Dorothy Cheney, Robert Seyfarth[17] y sus ayudantes investigaron a fondo las llamadas de alarma de los primates babuinos, los monos vervet y otras especies. Los monos vervet tienen distintas llamadas de peligro para advertir a la tropa sobre águilas o serpientes. Podemos concluir que los humanos llevan decenas de millones de años emitiendo y recibiendo llamadas de alarma. Hoy en día, los inversores están predispuestos a oír, reaccionar y exagerar las llamadas de alarma de los analistas bursátiles, escritores financieros y locutores de noticias. Reaccionamos como nuestros parientes primates, aunque con algunos matices propios del siglo XXI.

Mono vervet

No es de extrañar que el mercado bursátil experimentara una volatilidad récord en 2008. El índice VIX, una medida de la volatilidad del índice S&P 500, se disparó hasta alcanzar máximos históricos en dos ocasiones durante octubre y noviembre de 2008.[18] Tomémonos un momento para contemplar cómo se presentan nuestras respuestas no tan modernas en tiempos tan volátiles.

Congelar

Cuando los inversores huelen el peligro, pueden congelarse y no estar dispuestos a tomar decisiones correctivas. La incertidumbre les nubla el pensamiento: "Quizá el peligro disminuya o pase de largo. No podemos estar realmente en recesión, ¿verdad?".

Si los mercados han funcionado bien últimamente y las perspectivas colectivas son positivas, puede resultar difícil para los inversores prever una caída significativa.

Los monos vervet de Cheney y Seyfarth tuvieron esta reacción cuando uno de la tropa detectó una serpiente. Los miembros de la tropa se quedan inmóviles y miran a su alrededor hasta que localizan a la serpiente. Entonces, trabajando en equipo para reducir el peligro, se emite otra llamada y la tropa se retira a un lugar seguro.

La respuesta de congelación puede ser una estrategia eficaz, suponiendo que los inversores tengan la disciplina de atenerse a ella y dejar todo como está durante todo un ciclo. Los inversores prudentes quieren disponer de mejor información antes de actuar ante la llamada de alerta inicial. En realidad, se emiten tantas llamadas de alerta que resulta difícil determinar cuáles son verdaderas amenazas sobre las que hay que actuar. Los inversores se ven constantemente asediados con llamadas a abandonar su estrategia de cartera equilibrada y volcarlo todo en un activo defensivo. Los inversores que puedan ignorar el ruido y mantener una estrategia de comprar y mantener con una cartera equilibrada podrían ser los más exitosos a largo plazo.

Al igual que los monos vervet exploran su entorno cuando se sienten amenazados, los inversores deben buscar información adicional cuando se enfrentan a una llamada de alarma por congelación. Cuando nos sentimos amenazados, lo lógico es intentar aprender todo lo que podamos sobre la amenaza. Mientras que los monos pueden detectar rápidamente si hay o no una serpiente cerca, los inversores no siempre tienen ese lujo cuando se trata de obtener información sobre una acción.

Sospecho que todos los comunicados de prensa emitidos por Enron contenían información falsa, hasta que la empresa se hundió.

Debería considerar la estrategia de congelación (comprar y mantener) como alternativa a una posible reacción exagerada ante los gritos de peligro. Si se congela al principio de una recesión económica, resuelva permanecer con su estrategia de comprar y mantener a lo largo de todo el ciclo. El siguiente gráfico ilustra las cuatro etapas de un ciclo importante de acciones, sectores bursátiles o el mercado de valores en su conjunto:

- Fase de consolidación o construcción de la base: A menudo denominada fase de acumulación. Los compradores institucionales acumulan acciones en las caídas.

- Fase de avance ascendente: Denominada fase de revalorización o fase de crecimiento rápido en el negocio bursátil. Los compradores institucionales mantienen las posiciones que adquirieron durante la fase de consolidación/creación de la base. Inversores más pequeños y astutos están comprando las acciones.

- Fase de culminación o distribución: Cuando la mayoría de los profesionales toman beneficios vendiendo en los rips. El público sigue comprando. Los indigentes se percatan de la existencia de un valor en alza y compran... normalmente cerca de los máximos.

- Fase descendente o de rebaja: Cualquiera que siga manteniendo la posición está perdiendo dinero. Los perdedores siguen comprando en la fase descendente hasta cerca del fondo, momento en el que suelen vender por pánico.

The Psychosis of the Pauper Investor

PAUPER:
I'm going to be rich!

Distribution
Phase

PAUPER:
I'm worried, but I'm not willing to sell.

ELATION

ALL GOOD NEWS

CONCERN

Decline
Phase

DENIAL

Upward
Advancement
Phase

OPTIMISM

OPTIMISM

ALL BAD NEWS

Upward
Advancement
Phase

PAUPER:
News, I can't take it!

CAPITULATION

HOPE

DEPRESSION

Consolidation
Phase

Source: Dale Buckner, Inc.

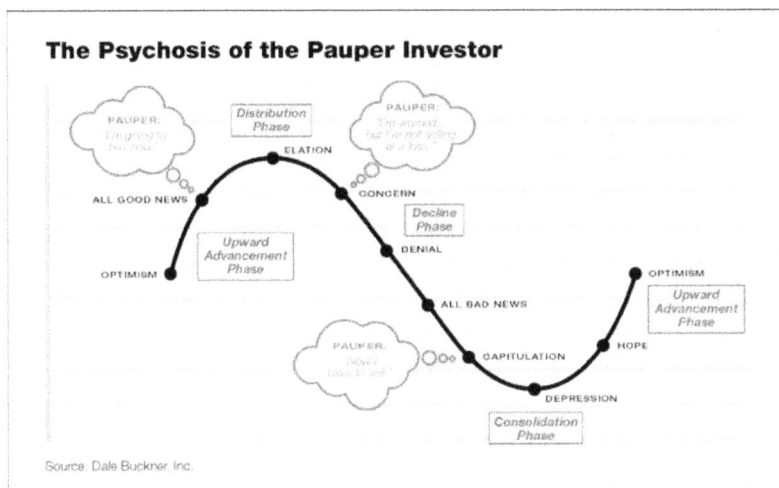

Si una acción de calidad alcanza la fase de declive y usted es su propietario, simplemente espere hasta que la acción comience de nuevo en la primera fase. Cuando aumente su avance al alza, podrá vender. Warren Buffet, posiblemente el inversor en acciones con más éxito de la historia, aconseja comprar buenas empresas y mantenerlas... a veces para siempre.

Por supuesto, congelarse y entrar en pánico cuando se toca fondo es la peor estrategia que se puede elegir. De este modo, venderá cerca del mínimo más reciente, lo que prácticamente le garantiza una pérdida permanente.

A cubierto

Cuando el mercado bursátil sufre una caída significativa, muchos inversores quieren venderlo todo rápidamente para llegar a "terreno seguro", como si corrieran hacia el árbol más cercano para escapar de una serpiente. En su pánico, creen que vender es la alternativa más segura. Su pensamiento es: "Si vendo ahora, al menos mis inversiones no se quedarán sin valor".

Si un gran número de inversores combina la reacción de huida hacia adelante con el comportamiento de rebaño, el mercado de valores puede experimentar una caída espectacular, como ocurrió el 19 de octubre de 1987, cuando el DJIA perdió un 22,6%, su peor caída en un día de la historia. Tengo ese ejemplar del Wall Street Journal del 20 de octubre de 1987 para recordar la espectacular oportunidad de compra de aquella mañana.

El hombre moderno ha añadido las noticias 24 horas al día, 7 días a la semana, y la tecnología informática a la mezcla de información. Si a esto añadimos el comercio informatizado, el mercado es vulnerable a una caída de un día como la que presenciamos el 6 de mayo de 2010 -llamada "flash crash"[19] -, cuando un error de negociación y el pánico de los inversores provocaron un cuasi colapso del mercado bursátil.

El operador bursátil NASDAQ OMX Group canceló miles de operaciones después de que numerosos valores se desplomaran a una fracción de sus valores normales.

En los últimos años también han aumentado los medios sociales y la información fraccionada y sesgada. La mayoría de las noticias parecen tener una agenda política que hace que el oyente odie al "otro" bando.

Los conservadores odian a los liberales y los liberales odian a los conservadores. Los baby boomers odian a los millennials y los millennials odian a los baby boomers. Dime quién eres y te diré qué bloguero quiere que odies a otro grupo. Esto echa leña al fuego emocional y hace que la volatilidad del mercado de valores sea aún más pronunciada.

¿Qué ocurre cuando todo el mundo vende al mismo tiempo? Como era de esperar, el mercado de valores se seca. Las acciones caen en picado por debajo de sus valores intrínsecos y contables porque no hay nadie dispuesto a comprarlas. Los precios de las acciones pueden caer muy por debajo de lo que los analistas habrían creído posible.

Los inversores que vendan en ese momento pueden sufrir una pérdida de capital que podría durar toda la vida. Hay historias anecdóticas de inversores que vendieron en octubre de 1987 y nunca volvieron a comprar acciones.

John Maynard Keynes denominó espíritus animales a estas desviaciones de la teoría económica clásica.[20] Las depresiones están causadas por un pesimismo irracional generalizado. El crack bursátil de 1929 NO causó la depresión. Una combinación de pesimismo irracional y políticas gubernamentales alteró la percepción colectiva del optimismo de los años veinte al pesimismo de los años treinta.

El gobierno de la mafia de los años treinta mantuvo la oferta monetaria restringida y al consumidor sin gastar. El gobierno subió los impuestos y las barreras comerciales; la gente lo exigía. Las empresas capitalistas se resintieron, y el gobierno se convirtió en un empleador cada vez mayor en Estados Unidos.

Cuando la gente es libre de hacer lo que quiera, suele imitarse.
Eric Hoffer

El inversor del siglo XXI puede sentir una compulsión abrumadora por unirse a la mafia. Cuando todo el mundo parece saltar al precipicio, la idea deja de parecer absurda. Algunos inversores describen así la experiencia: "Prefiero vender ahora mientras todos los demás venden, aunque pueda equivocarme, que esperar y experimentar más pérdidas por mi cuenta".

Si sabe reconocer la dirección de la turba y hacer lo contrario, podrá cosechar resultados de inversión mejores y más seguros. Desarrolle habilidades para interpretar las "señales de alarma" de otros inversores.

Hay que pensar en la riqueza y ganar dinero. No debería considerarse contrario a la intuición detenerse, hacer una pausa y conservar sus buenas acciones y bonos, o comprar barato y vender caro o comprar acciones mientras todos a su alrededor están vendiendo.

¡Contraataque!

Considere las fluctuaciones del mercado como su amigo en lugar de su enemigo; benefíciese de la locura en lugar de participar en ella.
Warren Buffet

La tercera reacción de los monos vervet contra un depredador es enviar la llamada para montar un contraataque contra la amenaza percibida. Los inversores pueden hacer lo mismo comprando cuando las noticias son malas.

Interpretar correctamente las advertencias podría permitirle determinar si se trata de una oportunidad para invertir con precios más bajos y menos riesgo o si las advertencias representan una amenaza real. Esta estrategia podría resultar contraproducente para un inversor con valores individuales, pero tiene muchas posibilidades de éxito cuando se invierte en los índices más amplios.

Si alguna vez va a comprar a la baja, lo más probable es que sea en un momento en el que haya malas noticias generalizadas. Repito: las malas noticias significan buenos precios de las acciones; las buenas noticias significan malos precios de las acciones. ¿No es un desastre?

Los mercados bursátiles predicen la dirección de las noticias con una antelación de seis a doce meses. Muchos inversores siguen de cerca los informes de desempleo, pero éstos se consideran indicadores retrospectivos.

Un inversor astuto debería invertir antes de que se produzca una mejora en las cifras de empleo. Si espera hasta que el empleo haya mejorado significativamente, es probable que se haya perdido un buen porcentaje de las ganancias durante un ciclo.

Nuestros antiguos antepasados cogían palos y piedras y atacaban a un depredador amenazador. Los inversores modernos responden con ira. Se contratan abogados. Se escriben artículos y ahora las redes sociales se encienden, culpando a quienquiera que esté al mando en Washington, DC.

Fue espantoso, pero quizá no sorprendente, presenciar la ira dirigida contra los empleados de AIG y sus familias después de que el Congreso y la SEC entregaran miles de millones de dólares del dinero del TARP de 2008 a la empresa para evitar que se declarara en quiebra. Los manifestantes argumentaron que no era justo que los ejecutivos de AIG recibieran millones en primas pagadas por el Tío Sam.

British Petroleum recibió una dosis de reacción de ira por el vertido de petróleo de Deepwater Horizon. Los inversores no podían coger palos y piedras para lanzárselos a BP, pero podían demandar y lo hicieron. Ha habido un número récord de demandas contra empresas de inversión, analistas financieros y corporaciones. No estoy seguro de que los inversores perjudicados saquen mucho provecho de estas demandas, pero al menos se sienten mejor.

La deuda nacional se ha disparado hasta casi descontrolarse con todos los fondos de ayuda de Covid19 repartidos por ambos partidos políticos. Las emociones pueden dispararse en momentos como este.

En su mayor parte, al mercado bursátil le da igual. Si una empresa vende más tubos de pasta de dientes de 4 dólares, más hamburguesas de 5 dólares o coches más caros, sus acciones suben. No importa quién tenga el control en Washington. Advierto a la mayoría de los inversores que no confundan el enfado por el ciclo de noticias con una estrategia de inversión sólida.

Como sabios inversores, nuestro trabajo consiste en ser menos políticos y más oportunistas. Al igual que el velero, determine adónde quiere ir y trace su rumbo. Determina cómo sopla el viento. Gire las velas en consecuencia. Controla constantemente el rumbo con pequeños ajustes. Asegúrate de que estás en mar abierto. Vigila el tiempo.

Como inversores, no debería importarnos cómo soplan los vientos políticos. Con la atención adecuada, puedes conseguir tu objetivo de unos ingresos seguros y crecientes y un capital para toda la vida, independientemente del partido o el político que gobierne.

Credulidad

Nuestros instintos nos incitan a comprar inversiones sobrevaloradas. Compramos porque nuestros amigos, los "expertos" de los medios de comunicación o las hábiles campañas de marketing nos convencen de que lo hagamos.

He aquí un ejemplo de comportamiento moderno que podría arrojar resultados desastrosos. En el otoño de 2010, los precios del oro se acercaban a niveles récord tras el profundo pánico y la caída del mercado de valores de 2008-2009. En todas las pausas publicitarias de la radio y la televisión aparecían anuncios con famosos de confianza que promocionaban las monedas de oro como la única inversión segura.

No había suficientes monedas de oro para satisfacer la demanda temporal, por lo que algunas monedas se vendían a un precio muy superior a su valor en lingotes. Todo esto fueron buenas noticias para los inversores, que compraron oro al principio de la subida y luego vendieron. Por otro lado, para los inversores que estaban a punto de comprar oro, era un desastre potencial.

Los lingotes de oro alcanzaron un máximo de más de 1.800 dólares la onza[21] en septiembre de 2011. El oro no volvió a estos elevados precios hasta 2022, cuando el 28 de julio de 2021 los precios al contado del oro eran de 1.806 dólares la onza al cierre de las operaciones, según Yahoo Finanzas.

En ese momento, se produjo un problema de oferta y demanda de monedas de oro que hizo subir temporalmente los precios de las monedas de oro "de colección". Esto puede continuar si la economía se retrasa o se considera que la inflación será un problema en el futuro. La demanda de monedas de oro sólo puede seguir aumentando si el mundo experimenta una recesión aún más profunda, hiperinflación o un acontecimiento calamitoso como una catástrofe natural mundial o una gran guerra internacional.

En 2021, la SEC dictó una orden de cese y desistimiento contra una gran empresa comercializadora de lingotes de oro que convencía a inversores de alto nivel para que vendieran sus fondos de acciones y otras tenencias de valores. El argumento del miedo era que las sólidas inversiones en acciones podrían perder todo su valor durante el próximo desplome del mercado. La empresa cobraba una comisión del 25% que no se revelaba.

Si la economía se estabiliza o empieza a mejorar, es posible que los inversores en oro quieran vender para obtener efectivo que invertir en acciones u otras inversiones. Recuerde que las monedas de oro no pagan dividendos ni se reparten el crecimiento, como algunas acciones.

Otra consideración es que, en el punto álgido del mercado, el precio de las monedas de oro podría llegar a duplicar el valor de mercado del oro que contienen. Si el oro al contado se vende a 2.000 dólares la onza, una moneda de oro temporalmente rara que contenga ½ onza de oro al contado por valor de 1.000 dólares podría venderse por 2.000 dólares.

Si la demanda de oro disminuyera debido a un repunte económico, el precio del oro podría bajar a 1.000 dólares la onza al contado, y esa moneda de ½ onza de oro podría bajar a precios de onza al contado.

De repente, esa moneda ya no es rara ni tiene demanda. Si se produjera este tipo de desplome, los inversores que compraron monedas de oro a 2.000 dólares en marzo de 2009 podrían verse obligados a venderlas al precio al contado del oro, 500 dólares, perdiendo el 75% de su inversión original. Lo mismo ha ocurrido con las monedas de plata en el pasado.

Por cierto, en julio de 2014, el oro había retrocedido desde su máximo de septiembre de 2011, de más de 1.800 dólares, a poco más de 1.300 dólares la onza, una caída de aproximadamente el 28%.

El oro alcanzó brevemente un máximo intradía histórico de 2.085 dólares en marzo de 2022 debido a la incertidumbre sobre la guerra entre Ucrania y Rusia. Los precios más altos del oro se han producido durante momentos de incertidumbre.

Los informes de que el oro es la única inversión segura o la única inversión que siempre ha dado dinero son publicidad falsa. El oro es un objeto de colección y no un valor. Los vendedores de oro no están sujetos a las mismas normas fiduciarias o de mejor interés ni a las mismas normas de publicidad que los valores, las acciones y los bonos.

¿Quién ganó dinero con todo esto? Sin duda, los medios de comunicación se beneficiaron de los ingresos publicitarios. Los vendedores de monedas de oro ganaron dinero con el importante margen de beneficio. Los inversores rara vez ganan dinero con las monedas de oro, porque no tienen liquidez y no pueden venderlas al por menor.

El oro como valor es líquido y los inversores pueden comprarlo y venderlo fácilmente con muy poco coste. Se eliminan las fricciones derivadas de la tenencia de monedas de oro. El inversor obtiene el precio de mercado. Si compra barato y vende caro, gana dinero.

A medida que la economía mundial recupere la salud, los inversores en oro coleccionable podrían perder la camisa. Como muchos otros inversores, los gold bugs son extremadamente reacios a admitir un error y podrían quedarse con sus monedas hasta el próximo ciclo de monedas de oro, posiblemente dentro de décadas. Hablaremos del sesgo de confirmación en un próximo capítulo sobre finanzas conductuales.

Normalmente, el siguiente paso "furioso" en un ciclo de auge y caída son las demandas interpuestas por inversores descontentos contra los comercializadores de monedas de oro de colección. Si quiere divertirse un poco, busque en Google "demanda de monedas de oro" y vea cuántos resultados obtiene.

Mientras lee este libro, debería plantearse si las inversiones cíclicas están más cerca de su punto álgido o más cerca del mínimo. Toda inversión que sube también puede bajar, a veces incluso más rápido de lo que subió.

Hay comportamientos más destructivos que pueden hacer descarrilar una estrategia de inversión exitosa. El acaparamiento se asocia a menudo con la inversión en oro desde el principio de los tiempos. Es probable que la antigua historia de Midas se escribiera sobre una persona real que lo perdió todo por codiciar oro.

La verdadera riqueza es la salud y no las piezas de oro y plata.
Mahatma Gandhi

Muchos inversores en oro también muestran negación de la pérdida, otra forma de sesgo. Un anuncio reciente decía que "las acciones pueden perder su valor, pero el oro nunca carece de valor". El oro no paga dividendos, no aumenta sus ventas, no genera beneficios, no tiene usos industriales ni se divide en acciones. Piense en ello la próxima vez que le entren ganas de comprar oro.

La manía de los tulipanes y otras locuras

La historia ha producido algunos casos realmente espectaculares y flagrantes en los que una manía se impuso y produjo resultados desastrosos. Un caso famoso ocurrió en Holanda en la década de 1630.

Una descripción de esta manía figura en el gran tratado económico Extraordinary Popular Delusions and the Madness of Crowds, escrito por el periodista británico Charles Mackay. En él explica cómo los tulipanes eran un símbolo de estatus popular a finales del siglo XVI en los Países Bajos.

Una variedad especialmente atractiva debía sus múltiples colores a un "virus rompedor de tulipanes". Debido al virus, estos tulipanes no eran muy resistentes. La reproducción normal de los tulipanes a partir de semillas o de clones asexuales de bulbillos tardaba de tres a siete años en florecer. Esto ayudó a estimular un mercado de futuros para los bulbos, que se vendían hasta por 10 veces el salario anual de un artesano cualificado.

La burbuja de los tulipanes se desplomó finalmente en marzo de 1637. Si fuiste de los últimos en poseer un bulbo o un futuro bulbo, lo perdiste todo. Hasta ese último mes, siempre había un comprador que ofrecía más dinero por tus bulbos absurdamente caros.

Hay muchos otros ejemplos de burbujas y manías más recientes, como la burbuja tecnológica de finales de los noventa. Es difícil tener una perspectiva de un acontecimiento de este tipo cuando se es un participante activo. Ser capaz de reconocer el aspecto de una burbuja es fundamental. Los pobres participan en burbujas sin reconocer el peligro.

La mayoría de las burbujas van precedidas de una rápida subida del precio de la inversión cerca del final de la burbuja. Los inversores más astutos reconocerán que hay una burbuja y se pondrán cortos en la inversión o venderán acciones prestadas. Esta estrategia es muy arriesgada.

Si el mercado sigue subiendo, querrán volver a entrar para reducir las pérdidas. Deberán recomprar la inversión a precios cada vez más altos, alimentando así aún más la burbuja. Esto se denomina "cubrir las posiciones cortas". Los pobres suelen comprar en la cola de las burbujas.

Pero las burbujas especulativas no son el comportamiento gregario más perjudicial. En todas las recesiones y depresiones suele producirse una reacción gregaria igual de fuerte. Vender inversiones de calidad en el punto más bajo de una liquidación puede empobrecerle para siempre.

Hagamos de nuevo la Prueba del Pato para ver cómo es una burbuja y otros comportamientos de rebaño para que puedas evitarlos.

- Los precios de las acciones o de la inversión nunca han sido tan altos.

- La gente es propensa a pedir dinero prestado, ir al margen, para comprar más de la inversión.

- El bombo publicitario es persuasivo. En el caso de la burbuja tecnológica, el argumento era que la economía había cambiado para siempre.

- La gente menos sofisticada está comprando en la burbuja. Inversores con muy poco dinero y que nunca habían invertido se hicieron con acciones de Cisco cerca del final de la burbuja tecnológica.

- Toda la comunidad inversora parece ser tremendamente optimista o pesimista.

- La burbuja recibe una cobertura mediática incesante. Todos los anuncios parecen referirse a la inversión.

- El análisis fundamental de la inversión dice que el valor intrínseco de la inversión está completamente desajustado con el precio actual, ya sea alto o bajo. En el caso de los valores tecnológicos, no había beneficios que comprobar.

- Los inversores muestran un comportamiento de juego.

- Los inversores muestran comportamientos de pánico, como reacciones de lucha o huida.

Si tiene alguna duda de que está reaccionando emocionalmente al invertir, debería activar el sistema de toma de decisiones APT. Muchos errores de inversión podrían evitarse simplemente haciendo una pausa y pensando antes de actuar.

La Comisión del Mercado de Valores (SEC) ha emitido varias advertencias sobre los comercializadores de criptomonedas, prospecciones petrolíferas y minas de oro y las prácticas engañosas e ilegales que emplean. El comportamiento ludópata de algunos inversores puede ser perjudicial desde el punto de vista financiero.

Le advertimos de que los estafadores están vendiendo cuentas de criptomoneda sin valor, programas de perforación petrolífera y acciones de minería de oro. El argumento es la riqueza instantánea. Las víctimas de esta estafa suelen mostrar un comportamiento similar al de una burbuja.

Una estafa de bombeo y volcado tiene lugar cuando se promocionan acciones casi sin valor propiedad de un estafador para que aumenten de valor en un futuro muy próximo. El valor se infla con afirmaciones falsas como "ABC Pharmaceuticals ha descubierto la cura para todo el cáncer". Las afirmaciones son interminables y se utilizan para convencer a la siguiente víctima de que compre a precios cada vez más altos.

El estafador vende las acciones sin valor a precios cada vez más altos. La segunda fase tiene lugar cuando cesan las reclamaciones cada vez más brillantes del vendedor. Los estafados se quedan con acciones sin valor que poco a poco van perdiendo valor mientras el estafador reserva su viaje a un país sin acuerdos de extradición.

Lealtad tribal

Muchos estudios sobre animales arrojan luz sobre cómo el hombre antiguo era capaz de reconocer a sus compañeros de tropa casi al instante. Estaban programados para sentirse más cómodos entre sus compañeros de tropa y su familia. Además, se sentían más seguros cuando estaban rodeados de lugares y puntos de referencia familiares.

Para dirigir un partido político eficaz se necesita cierto grado de tribalismo, es el pegamento que mantiene unidos a todos.
Charles Kennedy

El hombre moderno tiene, a falta de una palabra mejor, un prejuicio por lo familiar. Este prejuicio suele crear la visión errónea de que la empresa en la que trabajamos es más segura que otras.

Ningún asesor de inversiones bien informado aconsejaría a los inversores que invirtieran todos sus ahorros en una sola acción, pero eso es exactamente lo que hacen muchos participantes en planes 401k, ESOP o Employee Stock Option. Los asesores que aprueben esa estrategia de inversión podrían ser demandados por mala praxis si las acciones perdieran dinero debido al colapso de toda la empresa.

Me pregunto cuántos sueños de jubilación se arruinaron debido a inversiones en ESOPs de Enron o acciones de GM en 401ks mientras presenciábamos cómo GM se convertía en Government Motors. Las empresas fuertes pueden tropezar con una serie de errores de mala gestión.

Esta estrategia es doblemente perjudicial cuando los ahorros para la jubilación se invierten en una empresa Y los participantes pierden su empleo. Una analogía se resume en una cita de un inversor que lo perdió todo en ENRON: "Es como si mi mejor amigo me hubiera traicionado".

La mayoría de los asesores financieros recomiendan no invertir más del 10% o el 20% en acciones de la empresa o el sector en el que trabaja el cliente. Incluso las empresas más fuertes y grandes pueden sufrir un suceso tipo Exxon Valdez o British Petroleum Deepwater Horizon. Enron lo hizo falsificando sus libros. Muchas empresas se meten en problemas por pedir demasiados préstamos para expandirse demasiado rápido.

Capítulo Cinco

La visión del hombre sobre el futuro

Con mucho, el mayor peligro de la Inteligencia Artificial es que la gente llegue demasiado pronto a la conclusión de que la entiende.
Eliezer Yudkowsky

En cuanto empezaron a utilizar la tecnología, nuestros antepasados obtuvieron una clara ventaja sobre las criaturas menos inteligentes que habitaban su mundo. Para ellos, la tecnología significaba poder matar algo con una piedra o un palo en lugar de con las manos desnudas.

Nuestros antepasados obtuvieron otra ventaja cuando se aprovechó el fuego, lo que les permitió procesar vegetales, cereales y animales que antes causaban enfermedades o eran incomestibles.

Se cree que el fuego se descubrió hace unos 790.000 años en Israel y la prensa popular especula con que podría haber sido hace 1.400.000 años en Kenia. Esto de la tecnología nos ha quemado (valga el juego de palabras) desde siempre.

Y una vez inventada la lanza, la probabilidad de éxito en una cacería se multiplicó por diez. Una vez que se introdujeron las flechas, fue otro salto para los humanos, pero ambos inventos son introducciones relativamente recientes.

Nuestros antepasados utilizaban herramientas de piedra para descuartizar animales incluso más atrás en el tiempo. En Bouri (Etiopía) se han descubierto huesos con marcas de corte que datan de hace entre 2,5 y 2,6 millones de años.

Esta explosión tecnológica ha ayudado a nuestros antepasados a sobrevivir y prosperar desde el principio. Estos inventos son anteriores a la introducción de los humanos modernos.

Estos fueron los primeros indicios de que íbamos a ser una especie de éxito. El hombre no iba a reproducirse mejor que las especies rivales, así que teníamos que sobrevivirles. La supervivencia no estuvo asegurada hasta que nuestros antepasados acumularon algunas otras cosas que los distinguían de los animales.

El lenguaje y la comunicación eran sin duda importantes, y no hay que olvidar la bipedestación y el pulgar oponible. No considero que estas cosas sean tecnología per se, pero hace entre 10.000 y 20.000 años, el Homo sapiens desarrolló tecnología para aprovechar las partes del cuerpo que Dios le había dado.

La tecnología no es un fenómeno nuevo. Ha habido numerosos hitos desde que el hombre empezó a jugar con las cosas. La agricultura, la domesticación de animales, la rueda y la pesca ayudaron a nuestros antepasados a sobrevivir a sus parientes no tan inteligentes.

En épocas más recientes, la industrialización, la electricidad, la cadena de montaje y el chip informático hicieron avanzar aún más la transformación. Ahora, la inteligencia artificial, los viajes espaciales y la mejora del comercio mundial continúan la marcha de la supervivencia.

Recientes pruebas de ADN indican que neandertales y denisovanos se cruzaron con el hombre moderno.[22] Pero no tenían ninguna posibilidad de sobrevivir a nuestros antepasados, que eran más inteligentes y disponían de mejor tecnología. El hombre moderno tenía mejor civilización, tecnología, agricultura y genes.

Ley de Moore: el número de transistores y resistencias de un chip se duplica cada 24 meses.
Gordon Moore

Hoy en día, la tecnología suele duplicarse cada dos años[23] y no se está ralentizando. Más de cinco mil millones de personas en el mundo poseen un dispositivo móvil. Más de 2 650 millones de personas utilizan las redes sociales. Más de 3.800 millones de personas tienen acceso a Internet.

Apple presentó su primer iPhone el 29 de junio de 2007. Cada año, más o menos, se presenta una versión actualizada. Solo estoy suponiendo, pero creo que esa tecnología fue bastante buena para las acciones de Apple.

La tecnología también fue buena para las miles de empresas que fabrican piezas para el iPhone, ensamblan, venden, dan servicio y escriben en blogs sobre iPhones, y para el Starbucks de la esquina, cerca de la tienda de Apple.

Tecnologías como el iPhone han transformado el mundo en desarrollo. China tiene toda una ciudad dedicada al ensamblaje del iPhone y el país se ha convertido en una potencia manufacturera en las últimas décadas.

Si creemos las cifras del Gobierno chino, la economía del país, medida por el PNB, crece entre un 6,6% y un 10% al año. La educación y la formación que han recibido beneficiarán probablemente a los trabajadores durante el resto de sus vidas, mucho después de que el iPhone deje de existir.

La tecnología rara vez retrocede. La tecnología que finalmente sustituya al iPhone será igual de asombrosa. La productividad aumenta. Los precios bajan. Se destruyen y se crean puestos de trabajo.

El hombre ha disfrutado de un nivel de vida cada vez más alto desde el momento en que nuestros antepasados aprovecharon el fuego y construyeron las primeras herramientas. Esto no va a cambiar. La tecnología avanza.

Llego a la conclusión de que la tecnología fue la fuerza motriz que permitió al Homo sapiens sobrevivir, triunfar y superar a todas las demás especies de la Tierra. Todas las acciones de una cartera equilibrada se benefician de las mejoras tecnológicas. Las mejoras tecnológicas van a continuar. Compre acciones y benefíciese del crecimiento.

La cueva

Toda persona que invierte en bienes inmuebles bien seleccionados en una sección en crecimiento de una comunidad próspera adopta el método más seguro de independizarse, ya que los bienes inmuebles son la base de la riqueza.
Theodore Roosevelt

Nuestros antepasados buscaban inmuebles de primera calidad con las mismas ventajas que valoramos hoy: una buena ubicación, un techo estable, protección frente a los elementos y las amenazas externas, y un cómodo acceso a alimentos y ropa. Varios sistemas de cuevas llevan habitados por homínidos entre 2 y 3 millones de años. Desde entonces, el mercado inmobiliario ha florecido.

La tecnología ha permitido a la humanidad expandirse por todos los rincones del planeta. Incluso tuve un pariente que vivía en el Polo Sur. En mi opinión, desde que el hombre aprendió a poseer y vender bienes inmuebles, éstos se han revalorizado un 3% al año. Si hay recursos petrolíferos o minerales bajo la tierra, multiplique esa cifra por cien.

Uno de los mejores inventos de la humanidad fue la propiedad. Hasta hace relativamente poco, la gente se limitaba a robar la tierra a quien se consideraba demasiado débil para defenderla. Aunque el mundo antiguo desarrolló leyes rudimentarias de propiedad, éstas se ampliaron y perfeccionaron en Inglaterra, haciendo posible comprar y vender propiedades de forma eficiente y a un coste relativamente bajo. Hoy en día, casi cualquiera puede beneficiarse de la compra de bienes inmuebles y de las riquezas potenciales que puedan yacer bajo ellos.

Los derechos de propiedad y la libertad de poseer bienes inmuebles están mejorando en la mayoría de los países. Son buenas noticias para la creación de riqueza y para la inversión en todo el mundo.

Según un informe de Zippia.com del 5 de abril de 2022,[24] se calcula que hay 22.000.000 de millonarios en Estados Unidos. Eso significa que el 8,8% de los adultos estadounidenses son millonarios. El 33% de esos millonarios son mujeres.

También se calcula que hay 9.000.000 de hogares millonarios en China, Japón, Taiwán y Hong Kong. Sólo en China hay más de 5.000.000 de millonarios. El hecho de que ahora haya millonarios viviendo en naciones repartidas por todo el planeta contribuye a la paz y la estabilidad mundiales.

Es improbable que Alemania ataque a sus vecinos por miedo a perder a sus socios comerciales. Es improbable que China lance un ataque económico contra Estados Unidos porque devastaría su propia economía. Simplemente hay demasiado en riesgo, y todo esto ayuda a solidificar la seguridad y estabilidad de sus inversiones. No subestime la probabilidad de que las acciones y los bienes inmuebles en todo el mundo se revaloricen.

Es probable que la guerra rusa contra Ucrania sea una excepción. Los millonarios rusos ni siquiera aparecen en la lista de las diez naciones más ricas. Según Trading Economics, el PIB de la Federación Rusa en 2021 es de 1,775 billones de dólares, lo que representa sólo el 1,33% del PIB mundial. A fin de cuentas, Rusia se ha convertido en una potencia nuclear económicamente pobre, lo que la hace peligrosa.

Sociedad y civilización

Otro gran invento fue la civilización. Durante decenas de miles de años, nuestros antepasados vagaron como nómadas u ocupantes ilegales. Saqueaban y asesinaban a cualquiera que fuera diferente de ellos y se llevaban todo lo que querían si creían que podían salirse con la suya.

Saber que algún vikingo de[25] te iba a romper la cabeza y quitarte todo lo que poseías desalentaba el desarrollo de la riqueza y la propiedad. Por favor, no te sientas insultado. Llevo sangre vikinga en las venas, aunque toda mi familia se remonta a Inglaterra, Escocia, Gales e Irlanda.

Es probable que la civilización siga reduciendo las guerras que perturban y perjudican la creación de riqueza. Sin embargo, las guerras no siempre son malas para las inversiones. Como ya se ha dicho, la guerra puede ser buena para algunas acciones porque en la era moderna suele concluir en semanas.

La guerra estimula la industria y la tecnología. La gente compra armas. La gente rompe cosas que hay que arreglar. La guerra tiende a resolver más rápidamente los desacuerdos entre naciones.

No me malinterpreten, no abogo por la guerra. Abogo por el libre comercio. Y dado que todo el mundo está en el bolsillo de los demás, es menos probable que las naciones modernas se ataquen entre sí. El libre comercio ha ido ganando terreno en beneficio de la paz y la prosperidad en todo el mundo.

El libre comercio ha transformado las naciones que lo han adoptado. Los mercados emergentes[26] rebosan espíritu emprendedor. Es difícil elegir un ganador, ya que hay muchos que están obteniendo mejores resultados.

En 2010, realicé un estudio sobre las tasas de desempleo y descubrí que, mientras que Estados Unidos superaba el 10%, China se situaba en torno al 4% y Perú, de todos los lugares, rondaba el 7%.

Donde hay creación de empleo, hay beneficios. Se crean muchos más empleos en el mundo emergente que en el desarrollado. Creo que los mercados emergentes deberían formar parte de prácticamente cualquier cartera de inversión equilibrada.

Estados Unidos conserva la mayor base manufacturera del mundo, seguida de China. Estados Unidos no ha reducido la fabricación; China la ha hecho crecer. Es probable que esto sea bueno para las inversiones en todo el mundo.

Los mercados emergentes representan enormes oportunidades de crecimiento para los productos estadounidenses. Kentucky Fried Chicken, Starbucks, The Gap y la pasta de dientes estadounidense están encontrando un mercado en todo el mundo gracias a la prosperidad y el libre comercio.

Según Forbes.com, las principales marcas del mundo son Apple, Google, Microsoft, Amazon, Facebook, Coca-Cola y Disney. Las marcas estadounidenses dominan el mundo, con 32 de las 50 primeras.

Estados Unidos está conquistando el mundo café con leche a la vez. ¿O es China la que conquista el mundo siendo próspera y comprando nuestro café con leche? En mi opinión, la libre circulación de ideas y tecnología será el futuro cemento que una a la humanidad. La competencia amistosa es saludable tanto para los países como para las empresas. También es buena para las inversiones.

Los países en desarrollo[27] son los que más se benefician de la tecnología informática. Mi cuñada se levanta todas las mañanas, enciende el ordenador, consulta su correo electrónico y su cuenta corriente y paga las facturas con tarjeta de crédito. Trabaja desde casa. Entra en Facebook, se comunica por Skype con sus seres queridos y tiene un día relativamente normal que podría pasar en cualquier lugar de Estados Unidos.

El hecho de que viva en una isla remota en medio de Fiyi, nación del Océano Pacífico Sur, es más notable. Muchos de los beneficios de la era informática han llegado a Fiyi y a cualquier otro rincón del mundo.

Los beneficios de la tecnología están transformando el mundo, y lo mejor está aún por llegar. La aventura no terminó con la invención del fuego; no había hecho más que empezar. Soy optimista respecto al futuro. Le sugiero que adopte la misma perspectiva.

La discusión ahora no es si los ordenadores aprenden; es cómo una máquina aprende en profundidad y si una máquina puede tener sentimientos. Tengo la suerte de tener acceso a información avanzada sobre el tema. Espero que esas historias apocalípticas como "Terminator" o la novela "1984" nunca se hagan realidad.

Busqué en Google "Qué miedo da el algoritmo de Google". El 14 de junio de 2022, Blake Lemoine, empleado de Google, fue puesto de baja remunerada tras afirmar que Lamda AI, un chatbot de inteligencia artificial, se había vuelto sensible. Lemoine afirma que su máquina amiga mostraba el comportamiento de un niño de siete u ocho años.

La profesora Melanie Mitcher, del Santa Fe Institute, estudia y enseña IA. Afirma que los humanos proyectan sentimientos humanos en las palabras generadas por el código informático en un proceso llamado antropomorfismo. Mi editor acaba de decir que nadie leerá una palabra más después de esta, pero que el viaje tecnológico será algo digno de ver durante su vida.

El lado oscuro de la humanidad

Llevo toda mi carrera escuchando un coro de noticias negativas. "Los mejores días han quedado atrás; Estados Unidos se dirige al colapso; la Seguridad Social está en bancarrota; la deuda nacional es demasiado alta; el dólar no valdrá nada; la economía mundial es un castillo de naipes; los inversores pierden la mitad de su riqueza durante las recesiones económicas; lo único que será seguro es...(inserte aquí lo que sea que esté vendiendo el vendedor)".

No se deje engañar por la hipérbole. Nunca deje que los traficantes del miedo le convenzan de inmovilizar su dinero en un producto de inversión mal diseñado, con elevados costes y una penalización de varias décadas para recuperar su dinero.

Las tácticas del miedo funcionan tan bien que en todos los mercados abundan los mensajes negativos y los argumentos de venta. Manténgase firme y positivo. Tenemos un viento de cola detrás que probablemente impulse al alza las carteras equilibradas.

Aquí es donde el estafador invade los cerebros de los indigentes. Prometen un rendimiento garantizado, una garantía de capital y una sonrisa de "confía en mí" que se gana a los que dudan. Si le ofrecen una "oportunidad de inversión" basada en el miedo o la codicia, hágase estas preguntas:

1. ¿De qué depende el rendimiento de la inversión? ¿Se paga con nuevas entradas de dinero o con el rendimiento de la inversión original?

2. ¿Se encarga de la transacción un profesional debidamente formado y autorizado? Los profesionales

con licencia de valores están sujetos a normas más estrictas que los que sólo tienen licencia de seguros.

3. ¿Tiene la persona que ofrece la inversión una designación profesional CFP®, CERTIFIED FINANCIAL PLANNER™ Practitioner, RIA, Registered Investment Advisor, o AIF® Accredited Investment Fiduciary designation?

4. ¿Cuánto tiempo debe permanecer invertido? ¿Qué ocurre si quiere retirar fondos? ¿Qué penalizaciones, restricciones y procedimientos existen?

5. ¿Se puede controlar fácilmente el rendimiento? ¿Qué información contienen los informes de inversión y las actualizaciones y con qué frecuencia se publican? ¿Puede obtener fácilmente informes y balances en línea?

6. ¿Estarán sus activos en manos de un depositario, un corredor de bolsa o un banco debidamente avalado y asegurado? ¿Cuáles son sus credenciales? ¿Tendrá alguien más acceso a su cuenta?

7. ¿Es líquida su cuenta? ¿Puede retirar el dinero sin penalizaciones administrativas o de salida, gastos de venta diferida contingentes (CDSC) o comisiones? ¿Se le informó adecuadamente sobre dichas comisiones? ¿Firmó una declaración sobre las comisiones?

8. ¿Ha comprobado si existen reclamaciones en la agencia reguladora correspondiente, como la Junta Estatal de Seguros, la Junta Estatal de Valores, la Oficina de Buenas Prácticas Comerciales o la Junta Inmobiliaria?

9. ¿Ha hablado de las comisiones internas de la inversión? Suele haber comisiones administrativas, cláusulas adicionales, comisiones 12b1, comisiones internas de adquisición, comisiones de comercialización y límites de tipos que reducen sus resultados. Por ejemplo, algunos productos de inversión limitan las ganancias bursátiles a

uno o dos puntos porcentuales al mes, pero permiten una captura ilimitada de las caídas.

10. ¿Cuál es la comisión, si procede? Una comisión del 10% no surge de la nada, sino que reduce su valor de rescate. Nunca acepte la explicación: "Usted no me paga nada; me paga la aseguradora".

11. ¿Existe una garantía de capital o de ingresos? ¿Cuánto le cuesta esa garantía? ¿Hay algo más que la promesa de una compañía de seguros que respalde la garantía? ¿Es la garantía simplemente una devolución de su propio dinero?

La visión a largo plazo

Si cree en el crecimiento de la tecnología, el crecimiento de los valores inmobiliarios y el crecimiento de las acciones de empresas sólidas. su enfoque de inversión debería reflejar esa confianza. Tienes un viento de cola que te apoya. Es probable que las empresas, los países y la sociedad en general vayan mejor en el futuro.

Si apuesta en contra de la tecnología, las acciones y el sector inmobiliario, es probable que pierda. La economía está destinada a mejorar. Y cuando las cosas parecen más oscuras, debería ser una señal para cargarse de inversiones de marca que los indigentes están dispuestos a vender baratas. Compre con las dos manos.

Si vende en respuesta a malas noticias, es probable que esté reaccionando con su cerebro de pobre. Las malas noticias suelen coincidir con un volumen bursátil récord y una bajada espectacular de los precios. Si se lleva algo de este libro, debería ser esto:

> *La baja confianza de los accionistas es uno de los mejores indicadores de que el mercado bursátil está a punto de tocar fondo.*
> Dale Buckner

He aquí algunas oportunidades de compra que pueden parecer noticias horribles, pero que podrían ser el momento perfecto para cargarse:

- La guerra o los conflictos militares suelen ser buenos para las cotizaciones bursátiles, que probablemente experimenten una corrección antes de que se declare el conflicto.

- Las acciones suelen bajar de precio durante las turbulencias económicas o la recesión, lo que las convierte en un buen momento para comprar.

- Los precios de las acciones tienden a reaccionar positivamente a la bajada de los tipos de interés a largo plazo. Las subidas de los tipos a corto plazo tienen un efecto negativo sobre las acciones. Una curva de rendimientos invertida, en la que los tipos de interés a largo plazo están por debajo de los tipos de interés a corto plazo, es extremadamente negativa para los precios futuros de las acciones. Venda en previsión de oportunidades mucho mejores en el futuro.

- La agitación política, como un asesinato o una destitución, probablemente hará bajar los precios de las acciones, creando una oportunidad de compra. La agitación política en una empresa puede hacer bajar su cotización. Una vez sustituido el Consejero Delegado, las acciones ya estarán al alza.

- Un desempleo elevado deprime el sentimiento de los accionistas, lo que crea un entorno propicio para acumular acciones. Cuando esto ocurre, la Reserva Federal suele estimular la economía. Por el contrario, una tasa de desempleo baja podría indicar que la Reserva Federal va a endurecer su política monetaria debido a las presiones inflacionistas. Sería el momento de aligerar las acciones y considerar inversiones seguras como bonos del Tesoro a largo plazo o servicios públicos.

- Cuando la FED baje los tipos de interés a corto plazo, reduzca las tenencias de bonos y acumule acciones; cuando la FED suba los tipos de interés a corto plazo, reduzca las tenencias de acciones y considere la posibilidad de invertir en bonos de calidad a largo plazo.

- Si los medios de comunicación predicen que la economía podría estar en colapso inminente (como hicieron el 26 de octubre de 2008), podría ser un momento ideal para comprar acciones.

- Cuando el sentimiento de los inversores es negativo, es probable que sea un buen momento para vender inversiones en oro. Cuando la preocupación de los inversores es baja, es más probable que sea un buen momento para comprar oro.

Si estamos de acuerdo en que pagar precios más bajos por algo es mejor, las malas noticias son buenas noticias cuando se trata de comprar la mayoría de las acciones. A la inversa, las buenas noticias exageradas son buenas noticias cuando se trata de vender acciones. El cerebro paupérrimo se apoderará invariablemente de la acción inadecuada.

Normalmente habrá más de una respuesta correcta a un dilema. Considere siempre las implicaciones fiscales. Hay ocasiones en las que las inversiones de menor riesgo o la conversión a efectivo pueden ser lo mejor para sus intereses. Evalúe las alternativas sin miedo ni codicia y elija la más adecuada. Cuando haya más de una respuesta correcta, diversifique.

Le recomiendo que se convierta en un inversor conservador cuando otros están comprando inversiones de mayor riesgo o de menor calidad.

Del mismo modo, conviértase en un inversor más agresivo cuando otros estén ansiosos por vender sus inversiones de bajo riesgo a precios bajísimos. Si el lado indigente de su cerebro se resiste, contrate a un asesor fiduciario y siga sus consejos. Vaya concepto: contrate a profesionales y siga sus consejos.

Ojalá viviéramos en un mundo en el que los únicos gobiernos fueran democracias ilustradas. Pero no es así. Hay cosas que los gobiernos pueden hacer para potenciar los beneficios del progreso de la humanidad.

La libertad, los gobiernos estables y las normas equitativas contribuyen en gran medida a que los inversores aprovechen el viento de cola de las economías del mundo.

Una lista utópica de deseos podría incluir educación de bajo coste, asistencia sanitaria y energía para todos, un gobierno honesto y, al menos, unos servicios mínimos para el mundo en desarrollo: agua potable, vacunas, alimentos, refugio y libertad frente al terror, la esclavitud y la intolerancia.

La guerra entre Ucrania y Rusia dominó todos los titulares. Estamos hablando de aproximadamente el 2% de la economía mundial. La subida o bajada de los tipos de interés por parte del Banco de la Reserva Federal de Estados Unidos afectará mucho más a la economía mundial. El aumento de los tipos de interés a corto plazo tenderá a ralentizar el 20% de la economía mundial directamente y el 50% indirectamente.

Es importante saber qué noticias ignorar. Puede requerir práctica. Me parece que escuchar noticias sin importancia económica perjudica mi razonamiento. Las bombas, los atentados terroristas y los tiroteos masivos suelen carecer de importancia económica. Ver un acontecimiento excepcionalmente histórico como el 11-S es obvio a posteriori.

Veo más noticias económicas importantes sobre los derechos de la mujer, la discriminación racial y de género y la desconfianza en las instituciones. Incluso veo una tendencia a denigrar nuestras fuentes de energía. Yo los vigilaría de cerca en el futuro.

Las economías que permiten avanzar política y económicamente a las mujeres, las minorías y los homosexuales tendrán mejores resultados que las que reprimen a más de la mitad de la población. Los gobiernos corruptos han existido desde el principio de la civilización. Las dictaduras han cometido atrocidades indecibles desde el principio de los tiempos.

En la época feudal, el mundo estaba formado por la nobleza y los vasallos y siervos. En la época colonial, el mundo estaba formado por opresores y oprimidos. La brecha entre ricos y pobres no ha mejorado mucho en los tiempos modernos. Lo que ha cambiado es que la inmensa tecnología está al alcance de prácticamente todo el mundo. Soy optimista.

Le recomiendo que evite invertir en países represivos o empresas opresivas. Siempre es más oscuro justo antes de la revolución, así que podemos esperar razonablemente mejores resultados algún día de una nación en proceso de cambio que antes era represiva, con altos impuestos y un estilo de gestión descendente. Las economías que son mínimamente represivas y apoyan el libre comercio y los impuestos bajos probablemente brillarán.

La esclavitud moderna es un crimen contra la humanidad. El trabajo forzoso, el matrimonio forzoso, la esclavitud sexual, las condiciones laborales duras y mortales y el trabajo sin remuneración impedirán que una nación alcance un éxito económico significativo. El 12% de las mujeres africanas están casadas a los 15 años, según un informe del Foro Económico Mundial del 14 de enero de 2019.

Al principio de la Revolución Industrial, el trabajo infantil era la norma. El ser humano ha mejorado, pero no lo suficiente. Hoy en día, entre 30 y 50 millones de seres humanos están esclavizados en el mundo.

Las políticas gubernamentales cambian continuamente. Las políticas que retrasan el progreso de la humanidad rara vez son permanentes. La fiscalidad, la regulación y las leyes opresivas, la represión de la libertad, los derechos de la mujer, los derechos de los homosexuales y la libre empresa rara vez triunfan como política nacional.

Es posible estropear este maravilloso mundo. También es posible cambiarlo todo con unas elecciones o un gobierno transformador.

Cuando se trata de invertir, es mejor ser optimista. Cuando los opresores se imponen, la revolución está asegurada. Siempre es más oscuro justo antes del amanecer. No sea un inversor pesimista.

La última palabra

A la hora de invertir, casi siempre ha sido conveniente errar por el lado del progreso, el beneficio y la tecnología. El pesimismo de los inversores pobres les llevará a venderle sus inversiones perfectamente buenas a precios de ganga.

Esto suele ocurrir cuando los medios de comunicación dan las peores noticias posibles, convenciendo a los indigentes de que la tragedia está a la vuelta de la esquina con pocas esperanzas de recuperación. Siempre hay que ser escéptico ante las malas noticias.

Una cartera de inversiones bien equilibrada que se adhiera a la sólida teoría moderna de carteras capeará la mayoría de las tormentas económicas. Si usted y su asesor han hecho su trabajo, el riesgo debería estar bajo control. No caiga en la tentación de vender lo bueno a precios de saldo por la percepción de malas noticias: es el momento de comprar.

Capítulo VI

Tener un plan financiero desde la graduación hasta la jubilación

La jubilación no existía para nuestros antiguos antepasados. Las enfermedades y las lesiones limitaban la esperanza de vida media de nuestra especie ancestral a unos 30 años. Sin embargo, los que sobrevivían más allá de los 15 años tenían la posibilidad de vivir hasta los 60 o más. La buena noticia de tu árbol genealógico es que casi todos tus antepasados superaron los 15 años, de lo contrario tú no estarías aquí.

Recientemente he estado leyendo sobre la Dieta Paleo, que supuestamente reduce la diabetes tipo 2, la artritis y otras dolencias modernas. El cuerpo humano comienza a descomponerse alrededor de los 60 años sin la medicina moderna.

El sedentarismo moderno perjudica nuestra salud. *Younger Next Year*, de Chris Crowley y Henry S. Lodge, sugiere que el ejercicio constante puede revertir los estragos del envejecimiento.

Los hombres de las cavernas y los cazadores-recolectores levantaban objetos pesados. Esprintaban y caminaban constantemente para sobrevivir y todo el tiempo iban descalzos. Los hombres de las cavernas y los cazadores-recolectores comían alimentos y carnes naturales y recibían mucho sol.

Los hombres de las cavernas ayunaban a menudo. Cazaban y recolectaban sin cesar. La subsistencia y la supervivencia no les dejaban mucho tiempo libre.

Hay pruebas de que las culturas antiguas honraban a sus miembros más ancianos. Abraham era sin duda el líder anciano más estimado de su familia. Aunque se veneraba a los que se convertían en ancianos, no podían disfrutar de la jubilación como nosotros hoy en día. Con una planificación adecuada, es probable que tengamos riqueza y buena salud en la jubilación.

El concepto de jubilación es relativamente nuevo. Las legiones romanas fueron de las primeras en tener jubilación. Tras entre 16 y 26 años de marchas y combates, un centurión podía jubilarse con la ciudadanía romana, una pensión mensual y una parcela de tierra[28].

En 1883, la Alemania de Bismarck fijó en 65 años la edad probable de jubilación por incapacidad laboral[29]. En 1930, en Estados Unidos, la esperanza de vida media era de 58 años para los hombres y 62 para las mujeres. La Seguridad Social fijó en 65 años la fecha en que los mayores podían empezar a cobrar sus prestaciones. Entonces no se esperaba que la jubilación durara mucho.

La jubilación siguió siendo un privilegio de los ricos hasta tiempos recientes. Si nacías en la familia adecuada, rara vez tenías que ensuciarte las manos. Los criados se ocupaban de tus necesidades. La jubilación no era muy diferente del resto de tu vida.

Las cosas empezaron a cambiar para el estadounidense medio hacia 1950. La esperanza de vida empezó a mejorar y sigue haciéndolo, con alguna excepción debida a Covid19. Hoy en día, una pareja casada tiene un 60% de probabilidades de que uno de los dos llegue a los 90 años.[30].

Los estadounidenses de 65 años o más son el grupo de edad de más rápido crecimiento, y la Administración sobre Envejecimiento de EE.UU. prevé que en 2030 seremos 72 millones los mayores de 65 años.

Es importante ahorrar para la jubilación. Si su única fuente de ingresos es la Seguridad Social, lo más probable es que sea una jubilación exigua. Un tercio de los hogares jubilados tienen la Seguridad Social como único ingreso[31].

Según ssa.gov, el sitio web de la Seguridad Social, en junio de 2022 había más de 70 millones de perceptores de SSI y Seguridad de Ingreso Suplementario. El ingreso medio por beneficiario era de 18.506,64 dólares al año y menos para los discapacitados y los supervivientes.

Esta estadística por sí sola podría motivar a un futuro jubilado a ahorrar más y empezar antes. Según Wikipedia, el Fondo Fiduciario de la Seguridad Social tenía 2,908 billones de dólares y se prevé que se agote en 2034. Sin cambios, los impuestos sobre la nómina cubrirán probablemente el 76% de los pagos actuales y aumentarán después del agotamiento.

Es probable que se produzcan ajustes que amplíen la jubilación plena de los 67 años a los 69 o más para la mayoría de los jubilados. Los jubilados actuales y los que están a punto de jubilarse probablemente no se verán afectados.

Tener 70 millones de beneficiarios de la Seguridad Social es un factor económico estabilizador y nos hace menos propensos a tener recesiones profundas como la Gran Depresión. Los beneficiarios de la Seguridad Social se lo gastan todo, lo que estimula la economía.

Su mayor gasto durante la jubilación será probablemente la asistencia sanitaria. La mayoría de los estadounidenses tendrían dificultades para costearse la jubilación si no fuera por Medicare. El aumento de los costes de la atención sanitaria puede paralizar cualquier presupuesto a medida que envejecemos.

Según un informe de septiembre de 2021 de la Asociación Americana de Hospitales, Medicare será solvente hasta 2026. Esta es la razón por la que los jubilados han experimentado un aumento de las primas de Medicare en los últimos años.

Se cree que uno de cada ocho estadounidenses mayores de 65 años padece Alzheimer, según la Alzheimer's Association. Se cree que uno de cada cuatro padece diabetes, según la Asociación de Diabetes. El 32% de los beneficiarios de la Seguridad Social se consideran obesos.

Incluso con todos estos alimentos, la gente vive más gracias a la medicina moderna y a una mejor nutrición. No hace mucho, la gente solía morir de tisis, diarrea, carencia de vitaminas e incluso caries.

Según la Administración sobre Envejecimiento de EE.UU., entre las personas mayores de 65 años:

- El 10% son fumadores; el 55% de los hombres y el 31% de las mujeres son ex fumadores.

- El tiempo medio dedicado a ver la televisión es de 4,1 horas al día.

- Una de cada cuatro personas mayores de 65 años tiene al menos una limitación para bañarse, vestirse, comer, caminar o ir al baño.

Si goza de buena salud y tiene 65 años o más, debería plantearse vivir más de 90 años. ¿Por qué no pensar en vivir más de 100 años? Según la calculadora de esperanza de vida de la Administración de la Seguridad Social en 2022, se espera que el estadounidense medio de 65 años viva hasta la madura edad de 86,6 años.

Si nunca has fumado, eres activo, sigues trabajando, tienes buena dentadura, haces jardinería, tocas un instrumento musical, asistes a conciertos musicales en directo, hablas un idioma extranjero, interactúas con tus nietos a diario y vas a la iglesia, puede que llegues a los 100 años.

Si fuma, bebe alcohol a diario, hace paracaidismo, bucea en alta mar, conduce habitualmente una motocicleta, no va a la iglesia, vive solo, no tiene hogar o ha sido detenido, su esperanza de vida se reduce.

Algunas profesiones tienen menor esperanza de vida. Las tasas de suicidio son más altas entre médicos, dentistas, policías, veterinarios, servicios financieros, agentes inmobiliarios, electricistas y abogados. Los veteranos tienen 2,5 veces más probabilidades de suicidarse que la media de los adultos estadounidenses.

Pero si tienes unos genes de longevidad superiores a la media, la ciencia médica y una mejor alimentación podrían alargar tu vida durante décadas. ¿Por qué no ser optimista? Los fracasos en la jubilación se han producido más a menudo por vivir más que la media estadounidense.

Prepararse para la jubilación

Los pobres dicen cosas como: "Nunca me jubilaré. Trabajaré hasta que me caiga". Pero deberías haber estado preparándote para la jubilación desde tu primer trabajo.

Aunque no lo haya hecho, empiece ahora a ahorrar la cantidad adecuada en un plan de jubilación. Podrá jubilarse cuando lo desee con unos ingresos que le permitirán mantener su nivel de vida.

Si ahorrara el 10% de su salario desde su primer trabajo real tras la graduación hasta la edad normal de jubilación de 67 años, habrá ahorrado lo suficiente. Aun así, debe invertir en una cartera equilibrada y de calidad. Fíjese objetivos que superen la inflación y le proporcionen una tasa de rentabilidad bursátil con la cantidad de riesgo adecuada.

En Estados Unidos, la renta familiar media en 2022 es de 87.864 dólares, según Zippia.com. La renta media es de 61.937 dólares. El 10% de ahorro de tu familia debería ser suficiente.

Si a los 25 años empiezas a invertir 6.000 dólares al año en una cuenta IRA comprando una cartera de valores equilibrada que gane un 7% de diferimiento anual, podrías jubilarte 42 años después con 1.480.658 dólares, según mi calculadora inteligente de capitalización. Esto tiene en cuenta una tasa de inflación, por lo que estamos hablando de dólares cercanos a los actuales.

Si la tasa de rentabilidad se aproxima más a la tasa histórica del 10% del mercado bursátil, la cifra es asombrosa. Esa persona de 25 años tendría 3.548.404 dólares.

El inversor más joven podría tener una cartera equilibrada más agresiva que podría rendir incluso más del 10%. Si se evita uno solo de los 9 mercados bajistas medios, una cartera equilibrada media subirá un 10% más.

Cada depósito destinado a un plan de jubilación de calidad reduciría los ingresos del inversor y ahorraría impuestos. El joven inversor se beneficia realmente de que Hacienda aporte alrededor del 20% de cada depósito que, en cambio, iría a parar a retenciones.

¿Deberías cobrar y sólo gastar el total de tu sueldo? Estarías haciendo muy feliz a Hacienda.

Ahorrar al principio de la carrera laboral es más importante que ahorrar más tarde. Teóricamente, si un trabajador de 35 años aportara 10.037 $ al año a un plan de jubilación que ganara un 10% anual durante su carrera laboral hasta los 67 años y nada más hasta la jubilación, habría ahorrado 2.220.894 $. La inversión total sería de 32 X 10.037 $ o 321.184 $.

Si el mismo asalariado empezara 10 años antes, a los 25 años, e invirtiera 6.000 $ al año durante 10 años y no volviera a poner un céntimo, su inversión total sería de 60.000 $. Su fondo de jubilación compuesto a los 67 años sería de los mismos 2.220.894 $.

Los números no mienten. ¿Preferirías tener un plan de jubilación que te costara 60.000 dólares o uno que te costara 321.184 dólares?

No olvide que esta cantidad podría estar libre de impuestos. Si nuestro perceptor y ahorrador opta por ahorrar en una cuenta IRA Roth, que es una inversión después de impuestos, no habría ahorro fiscal. Transcurridos 5 años o a los 59 ½ años, el ahorrador podría retirar el dinero y las ganancias libres de impuestos.

Para participar, una persona debe tener un empleo y percibir un salario. La aportación máxima anual según las normas actuales es de 6.000 $ o 7.000 $ si tiene más de 50 años.

Se habla de que la Administración de la Seguridad Social está en quiebra, pero yo creo que es probable que siga ahí para ti con algunas pequeñas modificaciones. La plena edad de jubilación es de 67 años para cualquier persona nacida en 1960 o después. Si la Seguridad Social introduce cambios, su plena edad de jubilación podría ser un año o dos después de los 67.

Es posible que haya que aumentar las cotizaciones salariales de empresarios y trabajadores. Para los indigentes, es probable que la Seguridad Social represente entre el 50% y el 100% de sus ingresos. Para usted, debería representar menos del 30%, no porque no vaya a cobrarla, sino porque ha ahorrado lo suficiente.

La edad más habitual para empezar a percibir prestaciones de la Seguridad Social sigue siendo los 62 años, pero disminuye cada año. Cada año que retrasa la Seguridad Social su cheque aumenta entre un 6,7% y un 8% hasta los 70 años. Hay razones para iniciar su plan que tienen sentido a cualquier edad. Hay excelentes calculadoras de SSI disponibles en línea que estimarán sus mejores opciones.

Mi cerebro matemático dice que es mejor retrasar la jubilación anticipada, sobre todo si sigues trabajando y tienes buena salud. Que yo sepa, no hay ninguna cuenta de inversión garantizada por el Estado que ofrezca entre un 6,7% y un 8% sin riesgo.

La mala salud podría ser un motivo para empezar antes, pero la prestación de supervivencia de su cónyuge aumentaría cada año que esperara para empezar a percibir la SSI. Si usted fallece antes de cumplir los 70 años, recibirá un cheque menor durante el resto de su vida, al igual que su cónyuge. Si su cheque es el más alto de la familia, sustituirá al cheque más bajo de su cónyuge.

La Seguridad Social es mejor que una pensión, ya que el ajuste del coste de la vida o COLA está incorporado en los cálculos. En 2022 la inflación fue del 5,9% y en 2023 del 8,7%. El COLA de la Seguridad Social está pensado para mantenerse al día con la inflación. Los aumentos de las primas de Medicare lo harán más difícil.

En la mayoría de los casos, las pensiones no incluyen los aumentos por el coste de la vida. Los pagos de anualidades fijas tampoco aumentan. Mientras los precios de los comestibles o de la gasolina aumentan con la inflación, confíe en su cheque de la Seguridad Social para el futuro.

Supongamos que te jubilas. Tu pensión es de 5.000 dólares al mes y la inflación es del 3 ½ % anual. Su poder adquisitivo dentro de 20 años se reduciría a 2.512 dólares al mes. Entonces podría enfrentarse a algunas decisiones difíciles.

Esos pagos garantizados en los que la sociedad de inversión promete una tasa de rentabilidad del 5% de por vida podrían ser un error si tu poder adquisitivo futuro se ve diezmado. Hablaré más sobre el objetivo realista de tener unos ingresos crecientes durante toda tu jubilación en un próximo capítulo.

Muy pocas empresas, e incluso entidades gubernamentales, optan hoy en día por ofrecer pensiones. Considérese afortunado si es uno de los pocos que tiene una.

Debería seguir ahorrando al margen de su plan de jubilación con ahorros no cualificados. Reserve una pequeña cantidad de cada nómina en una cuenta de ahorro.

Su primer objetivo para esta cuenta de ahorro debe ser reservar de tres a seis meses de ingresos en un fondo de emergencia. Otros ingresos no cualificados suelen incluir herencias, regalos y bienes personales, como el valor neto de su vivienda. Disponer de fondos al margen de su plan de jubilación puede ayudarle a jubilarse antes.

Si decide jubilarse antes de los 59 años y medio, el IRS le impondrá una desagradable penalización del 10% sobre los ahorros cualificados antes de impuestos, como los 401 planes de pensiones, las cuentas IRA y los planes de ahorro.

Es probable que tenga que pagar impuestos a su tipo impositivo marginal, el tipo impositivo más alto. La combinación de la penalización fiscal y el tipo impositivo más alto dificultan una jubilación joven si sus únicos ahorros son planes cualificados.

Los ahorros no cualificados podrían resolver el problema de la jubilación anticipada. Los ahorros no cualificados pueden incluir bienes inmuebles, cuentas de ahorro, dinero en su cuenta corriente, rentas vitalicias que no sean RSI denominadas rentas vitalicias no cualificadas, seguros de vida con valor en efectivo y prestaciones por fallecimiento de seguros de vida, herencias, regalos y cualquier otro ahorro o patrimonio que no esté acumulado en un plan de jubilación gubernamental con diferimiento de impuestos.

Si alguna vez ha visto Antiques Roadshow, no descarte las antigüedades, el arte o los objetos de colección como forma de financiar la jubilación anticipada. Los ahorros no cualificados no tienen una penalización del 10% por retirada anticipada y pueden tener un tratamiento fiscal preferente. La base de coste original de una inversión no cualificada probablemente no tributará cuando se retire. Una vez cumplidos los 59½ años, es probable que pueda acceder a todos sus ahorros para la jubilación sin penalización, pero no libres de impuestos.

Existen varias formas de obtener dinero libre de penalizaciones de un plan de jubilación, algunas de las cuales no recomiendo. Su dinero está libre de penalización si fallece o sufre una incapacidad permanente. Puede retirar dinero sin penalización de su 401k y de

---

otros planes de jubilación sin una penalización del 10% si está jubilado y tiene más de 55 años.

Si no has ahorrado en un fondo de emergencia, normalmente puedes pedir prestado de tu 401k. No puedes pedir prestado de una cuenta IRA. Tampoco puedes pignorar una cuenta IRA a un prestamista.

Puede obtener un préstamo de un seguro de vida entera con valor en efectivo. No puede pedir prestado de una renta vitalicia. Consulte a un profesional fiscal cualificado antes de solicitar un préstamo para evitar desagradables penalizaciones y sorpresas fiscales.

No puede retirar dinero de una cuenta IRA sin penalización hasta los 59½ años. Si tiene una cuenta Roth IRA, puede retirar su inversión original sin penalización.[32] Puede retirar sus ganancias sin penalización a partir de los 59½ años más cinco años. Si se convirtió a una cuenta Roth, esté atento a esa marca de cinco años para retirar las ganancias sin penalización.

Ingresos crecientes durante toda la jubilación

Es probable que se necesiten unos ingresos crecientes para una jubilación más larga. Pongamos el ejemplo de dos familias imaginarias, ambos cónyuges de 62 años y uno de ellos que no trabaja. Imaginemos que estamos en 1998. Las dos familias tomaron decisiones diferentes que podrían dar lugar a resultados radicalmente distintos.

La familia A decide afiliarse inmediatamente a la Seguridad Social a los 62 años, además de los ingresos garantizados que ofrece el plan de pensiones de la empresa del cónyuge trabajador. Ahora tenían unos ingresos extraordinarios y generosamente cómodos para 1998 de 3.100 dólares al mes. "Es suficiente para vivir cómodamente toda nuestra jubilación. Me gusta la garantía e incluso podemos ahorrar algo", dice el Sr. A.

La familia B eligió un pago único en efectivo de su plan de pensiones. Nuestra empresa lo transfirió a una cuenta Rollover IRA e invirtió en una cartera equilibrada. Fue una transferencia de custodio a custodio, por lo que no hubo que pagar impuestos. El Sr. B decidió retrasar la SSI hasta la edad de jubilación plena de 65 años. El Sr. B también se jubiló de su trabajo a tiempo completo. Encontró un trabajo a tiempo parcial en una tienda de repuestos de automóviles para compensar parte de la diferencia temporal de ingresos.

Los cónyuges que no trabajan tienen derecho a la mitad de la prestación de la Seguridad Social de su cónyuge trabajador. La esposa del Sr. A cobró su 50% de SSI a los 62 años. La esposa del Sr. B retrasó la percepción de la SSI hasta los 65 años y también percibió la mitad de la prestación del Sr. B. La familia B percibiría aproximadamente un 22% más de prestaciones de la Seguridad Social que el cónyuge trabajador. La familia B recibiría aproximadamente un 22% más de prestaciones de la Seguridad Social que la familia A durante el resto de sus vidas.

Ahora avancemos rápidamente ambas familias hasta 2022.

Los aumentos del COLA de la Seguridad Social fueron más generosos para la Familia B en un 22%. Los aumentos de Medicare se han convertido en un verdadero lastre para la Familia A, ya que sus cheques más pequeños se redujeron en un porcentaje mayor.

El cheque de la pensión de la familia A no ha aumentado, por lo que ahora los ingresos son escasos y su presupuesto está bajo mínimos. La familia sigue viviendo con 3.100 dólares al mes.

Una vez que la familia B empezó a percibir la SSI a los 65 años, el Sr. B pudo reducir su trabajo a tiempo parcial en la tienda de repuestos de automóviles. La cartera equilibrada siguió el ritmo de la inflación y proporcionó a la familia B unos ingresos crecientes que, junto con su SSI, ascienden ahora a 5.598 dólares al mes.

Si el Sr. A fallece en 2022, su pensión se extingue y no hay prestaciones de supervivencia. La Sra. A sólo percibirá el cheque de la Seguridad Social y ése será el cheque de 62 años del Sr. A.

Si el Sr. B fallece en 2022, la Sra. B se queda con la cuenta IRA rollover del Sr. B que ahora supera los 854.000 dólares. Esa suma global de 390.000 dólares ha ido creciendo a un ritmo aproximado del 4% anual, al tiempo que proporcionaba a la familia B unos ingresos de aproximadamente el 4% anual y creciendo.

La Sra. B también recibe el cheque de la SSI del Sr. B, que es un 22% mayor que el del Sr. A.

Esta situación imaginaria supone una modesta tasa de crecimiento del 8%, una tasa de inflación del 3% y un COLA medio del 3%. Descargo de responsabilidad requerido por el editor: Ningún año ha sido promedio. Nadie puede predecir los futuros ingresos ni los futuros pagos del SSI. Y lo que es más importante, nadie puede predecir cuánto tiempo vivirá usted.

A lo largo de mi carrera, he sido testigo de más de una familia que tomó decisiones similares a las de la familia A. Durante este periodo, muchas de estas familias se quedaron sin fondos y ahora viven únicamente del SSI.

He sido testigo de muchas más familias que viven con ingresos crecientes, con ingresos excelentes como la familia B. Las prestaciones de supervivencia son claramente mejores con la familia B.

Ahora que la esperanza de vida es aún mayor, le sugiero que considere la posibilidad de retrasar la SSI hasta los 70 años si es posible. Esta decisión puede aumentar la prestación SSI a su familia hasta en un 85% o más en comparación con la prestación reducida a los 62 años. Más información sobre este tema en un capítulo posterior.

La cartera equilibrada

He hablado de una cartera equilibrada. ¿Qué aspecto tiene? Una cartera equilibrada debe tener la combinación adecuada de acciones, renta fija y bienes inmuebles que produzcan ingresos para lograr un rendimiento competitivo y un riesgo global reducido.

También podría incluir un pequeño porcentaje de activos no correlacionados: inversiones alternativas, materias primas, sociedades de desarrollo empresarial, inversiones de capital riesgo, terrenos sin explotar, arte, antigüedades y objetos de colección.

El concepto de cartera equilibrada comenzó realmente con la Teoría Moderna de la Cartera (TMP), introducida por primera vez por Harry Markowitz en 1952. Markowitz ganó el Premio Noble de Ciencias Económicas en 1990.

La MPT es una teoría sobre cómo los inversores con aversión al riesgo pueden construir carteras para optimizar o maximizar los rendimientos esperados, basándose en un determinado nivel de riesgo de mercado y haciendo hincapié en que el riesgo es una parte inherente a la búsqueda de una mayor recompensa.

La Universidad de Harvard amplió el concepto de MPT para incluir activos no correlacionados que pueden reducir drásticamente las pérdidas que experimentaban antes las carteras equilibradas durante los prolongados mercados bajistas de acciones estadounidenses.

Mientras que la cartera tradicional tenía un 60% de acciones y un 40% de bonos, Harvard (y Yale) inyectaron más bienes inmuebles, mejor investigación, coberturas, inversiones alternativas y protegidas contra la inflación, y tiempos de retención más largos que pueden abarcar décadas en algunas inversiones.

Harvard redujo su inversión en acciones del 65% en 1980 a sólo un 20% durante la pasada década. La mayoría de las inversiones de Harvard producen ingresos durante el periodo de tenencia.

La dotación de la Universidad de Harvard estaba valorada en 53.400 millones de dólares el 4 de junio de 2022. Yale y la Universidad de Texas no están tan lejos, con alrededor de 42.000 millones de dólares cada una. Estas instituciones están haciendo algo bien.

Los inversores medios consideran que las inversiones alternativas a largo plazo son demasiado arriesgadas. La teoría de la inversión de Harvard cree justo lo contrario, que son menos arriesgadas cuando se mantienen a largo plazo.

Los inversores medios son incapaces de mantener una visión a largo plazo que abarque décadas, a menos que tengan mucho dinero y una perspectiva de riqueza generacional. Los inversores cuyas familias poseen tierras importantes, inversiones en petróleo y gas, antigüedades valiosas, arte o joyas tienen más probabilidades de mantener una visión a largo plazo.

Trabaje con su asesor de inversiones y desarrolle un plan para construir una cartera equilibrada que satisfaga sus necesidades específicas. Mantenga la mente abierta a inversiones que quizá no le resulten familiares. Éstas podrían ser las inversiones que aumenten el crecimiento, produzcan mayores ingresos y reduzcan el riesgo a largo plazo.

Si su asesor le sugiere que invierta todo su dinero en un producto de seguros con una fuerte penalización de salida, probablemente debería explorar otras opciones. Esa no es la cartera equilibrada que merece su familia.

Examinemos los componentes básicos de una cartera equilibrada. La parte de acciones de una cartera equilibrada puede incluir acciones de valor que producen ingresos y acciones de crecimiento. También hay que tener en cuenta las categorías de valores de pequeña capitalización ([33]), mediana capitalización ([34]) y gran capitalización ([35]).

Cada una de estas categorías contiene tanto emisiones nacionales como extranjeras. Cada clasificación de valores se comportará de forma diferente y tendrá riesgos distintos.

El siguiente cuadro muestra una serie de porcentajes de activos que deberían ajustarse a las necesidades de la mayoría de los inversores. Cada categoría se expresa en porcentaje, y todas las categorías y subcategorías suman el 100%. Por ejemplo, si asigna el 40% a acciones y el 50% a acciones de crecimiento de gran capitalización dentro de esa categoría, estaría colocando el 20% de su dinero total en crecimiento de gran capitalización.

ASSET CATEGORY	% INVESTED	% OF TOTAL
STOCKS	**20-80**	
Small cap growth	5-15	3
Small cap value	10-20	5
Large cap growth	20-40	12
Large cap value	30-50	20
International	20-40	10
REAL ESTATE	**0-30**	
Income producing	0-100	15
Individually owned	0-100	
Undeveloped land	0-100	
FIXED INCOME	**20-80**	
Taxable bonds	0-50	10 **
Tax-free bonds	0-100	10 **
Convertible bonds	0-20	5
Preferred stocks	0-20	5
Senior floating rate bonds/notes	0-20	5
Inflation protected bonds	0-50	5
Mortgage backed investments	0-40	5
ALTERNATIVE INVESTMENTS*	**0-30**	
Oil & gas	0-100	
Commodities	0-50	
Managed futures	0-50	
Volatility index	0-20	
Hedged investments	0-100	
Precious metals	0-100	
Collectibles, art, antiques	0-100	
Cash value life insurance	0-100	

* Be certain you are knowledgeable about alternative investments before investing. You can lose your entire investment in many alternative investments and in some cases, lose more than you invested.

** One or the other account. Taxable bonds should be placed in a Qualified account: Tax-free bonds should be placed in a Non-Qualified account.

En general, las acciones de crecimiento de pequeña capitalización y las acciones extranjeras de mercados emergentes[36] tienen mayor riesgo que las acciones de crecimiento o valor de gran capitalización. Los valores de pequeña capitalización suelen ser empresas menos estables que corren un mayor riesgo de quiebra que las grandes empresas consolidadas. Los valores de pequeña capitalización suelen crecer más rápido, pero deben pedir más dinero prestado y son más vulnerables a la competencia.

Hay muchas categorías de bienes inmuebles. Si es propietario de su vivienda, es probable que tenga una inversión importante en bienes inmuebles. Dado que su residencia no produce ingresos, suele excluirse de los cálculos de una cartera equilibrada.

Los bienes inmuebles pueden ser desarrollados o no desarrollados. Es probable que los bienes inmuebles desarrollados produzcan unos ingresos que pueden contribuir a su cheque de jubilación global. Los ingresos inmobiliarios pueden contribuir significativamente al crecimiento de su cartera a lo largo del tiempo.

Es probable que los bienes inmuebles sin desarrollar requieran gastos para su desarrollo, largos periodos de tenencia, falta de ingresos y mayores riesgos y beneficios que los bienes inmuebles desarrollados.

Si posee una propiedad de alquiler en un mercado de una categoría con un solo arrendatario, el riesgo es alto. Si tienes una cartera diversificada de inmuebles en muchos mercados con muchos arrendatarios en múltiples categorías, tienes menos riesgo.

Los bienes inmuebles carecen de liquidez. Pueden pasar años o incluso décadas antes de que un inversor pueda vender con beneficios. Los propietarios de inmuebles individuales están expuestos al riesgo de inversión: los gastos, la depreciación, los impuestos, los seguros y el mantenimiento pueden reducir el resultado final. Los bienes inmuebles pueden ofrecer ventajas fiscales gracias a las deducciones por depreciación y gastos de reparación.

El apalancamiento o pedir dinero prestado en el sector inmobiliario aumenta el riesgo, pero, si se hace bien, puede incrementar los ingresos de las propiedades. El apalancamiento no es innatamente positivo o negativo, pero debe tenerse en cuenta al comprar cualquier inversión inmobiliaria.

La categoría de renta fija incluye una variedad de inversiones: bonos del Estado, corporativos y de gobiernos extranjeros, depósitos bancarios y certificados de depósitos, acciones preferentes, bonos convertibles, hipotecas, bonos municipales o libres de impuestos, e inversiones senior a tipo flotante entre ellos.

Hay bonos de corta, media y larga duración. La solvencia crediticia va desde la máxima calificación AAA hasta el grado de inversión, el alto rendimiento o grado basura y el grado de impago. En general, los bonos de corta duración con la calificación más alta pagan los tipos de interés más bajos, y los bonos de mayor duración y menor calificación pagan un tipo de interés más alto.

Los bonos tienen riesgo de tipo de interés. Cuando los tipos de interés cambian, los bonos ganan o pierden valor. Si los tipos de interés suben, los bonos suelen perder valor. Los bonos de mayor calidad y duración[37] son los que más valor pierden.

Los bonos de menor calidad son los que más pierden valor cuando aumenta el riesgo de impago debido a las condiciones económicas. Los bonos de corta duración producen tasas de rendimiento más bajas. También existe el riesgo de inflación, es decir, el riesgo de que el rendimiento y el capital de un bono compren menos bienes y servicios al vencimiento debido a unos tipos de rendimiento inferiores a la inflación.

Como ya se ha mencionado, las inversiones alternativas, las coberturas, las materias primas, las sociedades de desarrollo empresarial, las inversiones de capital riesgo, los terrenos no urbanizados, el arte, las antigüedades y los objetos de colección pueden tener cabida en una cartera equilibrada moderna. La mayoría de las cuentas IRA o planes de jubilación no pueden mantener estos activos a menos que se mantengan como valores negociables.

Una cartera equilibrada debería experimentar menos volatilidad. Algunas inversiones suben, mientras que otras bajan. Su objetivo podría ser no retirar nunca dinero, reinvertir todos los dividendos y duplicar su inversión con un riesgo razonable. Es poco probable que alcance su objetivo durante su vida con una inversión de capital garantizado que se capitalice a un ritmo del 1 al 3% anual. Le llevaría entre 24 y 70 años alcanzar su objetivo.

Con la actual tasa de inflación más alta, el poder adquisitivo se reduciría mucho más que la rentabilidad garantizada. Lo más importante de invertir es poder comprar más gasolina y víveres durante toda la jubilación.

Si poseyera una inversión que reinvirtiera una renta del 6% de forma fiable, podría alcanzar su objetivo y duplicar su inversión en 12 años, incluso si la inversión subyacente se revalorizara un 0% cada año. Si su inversión pagara un 6% de ingresos Y se revalorizara un 6% cada año, duplicaría su dinero en la asombrosa cifra de 6 años.

Es lógico que reduzca el riesgo si está a punto de jubilarse o ya se ha jubilado. Recuerde que es probable que esté jubilado entre 20 y 40 años.

Los inversores más jóvenes pueden tener más acciones de pequeña capitalización, bienes inmuebles sin desarrollar, acciones tecnológicas, bonos de alto rendimiento e inversiones extranjeras en mercados emergentes.

A los inversores mayores o jubilados les convendrían más las acciones de valor, los bienes inmuebles generadores de rentas, las inversiones en infraestructuras y servicios públicos de mercados emergentes y los bonos libres de impuestos.

Si tiene una dosis doble del gen del miedo, entrénese para invertir cuando los mercados estén a la baja. Cuando las cotizaciones bajan, el riesgo es menor.

Si usted es un inversor temeroso, una cartera equilibrada de menor riesgo que le proporcione un flujo de ingresos razonable y fiable puede reconfortarle: la inversión original puede fluctuar, pero sus ingresos por dividendos permanecen constantes o crecen.

Otra forma de reducir el riesgo cuando se invierte por primera vez se denomina Dollar Cost Averaging (DCA). El promediado del coste en dólares en inversiones desde una posición menos arriesgada implica mover un porcentaje determinado de la inversión de bajo riesgo o sin riesgo a una posición en bolsa, en el mercado inmobiliario o en bonos o renta fija de mayor riesgo. Un ejemplo de DCA-ing sería contribuir regularmente a un 401k o IRA.

Supongamos que tenemos 100.000 dólares para invertir y no estamos seguros de que hoy sea un buen momento para hacerlo. ¿Qué pasaría si invirtiéramos 20.000 $ hoy en una cartera equilibrada y luego invirtiéramos la misma cantidad cada mes durante los 4 meses siguientes el mismo día del mes hasta invertir toda la cantidad?

Si el mercado bursátil sufriera una corrección o una caída de valor durante los 5 meses, usted obtendría los precios más bajos y, por tanto, compraría más acciones durante la caída.

¿Y si, por el contrario, las acciones y los demás componentes de la cartera equilibrada subieran? En ese caso, las compras originales se revalorizarían. Puede reducir el riesgo con el DCA. Y puede ganar en tranquilidad sabiendo que es probable que obtenga un resultado de menor riesgo, pase lo que pase.

Las inversiones en ACA no le garantizan un resultado positivo. Cuando las señales parezcan indicar que es probable que se inicie una recesión, retrase el inicio del plan DCA. Deje que esos indigentes pujen por sus cosas valiosas hasta que la venta esté bien encaminada.

Haga crecer sus inversiones con los dividendos de las acciones, los intereses de las inversiones bancarias, los ingresos de los cupones de los bonos y la revalorización ocasional. Puede disfrutar de una jubilación larga y feliz con inversiones de menor riesgo.

Es fácil para mí decirte que dejes de pensar en ese lado pobre de tu cerebro. Es más fácil aceptar que eres un inversor conservador.

Desarrolle un plan para construir una cartera equilibrada que se ajuste a su presupuesto de riesgo y siéntase cómodo con los riesgos que asume. A largo plazo, su rentabilidad puede ser ligeramente inferior a la de una cartera equilibrada de mayor riesgo, pero su tranquilidad también es importante.

Le recomiendo que adopte un enfoque de inversión disciplinado que le permita mantener una gama de inversiones. Suelo recomendar reducir la exposición a una clase de activos cuando el mercado bursátil, de renta fija o inmobiliario está alto y aumentar la exposición a la misma clase de activos cuando ese mercado está en corrección.

Dicho de otro modo, compre acciones, bonos, bienes inmuebles e inversiones alternativas cuando estén bajos y véndalos cuando estén altos. Los pobres compran caro y venden barato. Si aún se resiste, relea el primer capítulo.

Ya está listo para redactar una declaración de política de inversión (IPS). Según fi360, el estándar fiduciario global de excelencia, hay 21 preguntas que hacer en una autoevaluación que puede determinar si se está ocupando de sus responsabilidades. La mayoría de las personas no quieren ir tan lejos, pero las normas completas están disponibles en el sitio web de fi360. He aquí los componentes de un buen IPS:

- ¿Cómo contratará y dará de alta a asesores y otros profesionales?

- ¿Quién tomará las decisiones de la cartera? ¿Es una persona competente? Si no es competente, ¿existe un poder notarial duradero para que una persona competente gestione la cartera?

- ¿Existen conflictos de intereses entre el asesor, el depositario y el propietario?

- ¿Están protegidos los activos de la cartera contra el robo y la malversación?

- ¿Ha establecido un horizonte temporal de inversión?

- ¿Ha establecido un nivel de riesgo adecuado para su cartera?

- ¿Cuál es la tasa de rentabilidad esperada de la cartera?

- ¿Puede controlar sus inversiones?

- ¿Ha seleccionado las clases de activos potencialmente adecuadas?

- ¿Se sigue un proceso razonable de diligencia debida para seleccionar a su asesor de inversiones, depositario y proveedores de clases de activos?

- ¿Se dispone de informes de cartera de fácil comprensión?

- ¿Se organizan revisiones periódicas para comparar los resultados con los objetivos?

- ¿Existen revisiones periódicas de las prácticas de negociación y voto por delegación, de los gastos relacionados con las inversiones y de la remuneración de los asesores?

- ¿Se tienen en cuenta las consecuencias fiscales de las inversiones?

- ¿Son líquidas sus inversiones? ¿Existen penalizaciones excesivas en caso de que necesite recuperar su dinero?

Como puede ver, esto puede resultar un poco engorroso. Espero que esta lista parcial te ayude a plantearte las preguntas adecuadas antes de invertir.

Una o dos veces al año, su cartera debería reequilibrarse de nuevo a sus porcentajes originales. El resultado suele ser vender más y comprar menos, ya que todo lo que se venda normalmente estará más alto y todo lo que se compre normalmente estará más bajo. También puede reequilibrarla con nuevas aportaciones.

En función de sus objetivos y circunstancias, una cartera ideal puede incluir riesgo. Le beneficiará equilibrar el riesgo que está dispuesto a aceptar con la rentabilidad que espera recibir. Puede reducir el riesgo invirtiendo en inversiones garantizadas por el principal, pero éstas pueden tener una tasa de rentabilidad inferior.

El siguiente paso es ver cómo es su cartera actual. Si lo tiene todo en un mismo cubo, póngase manos a la obra. Tienes que reasignar tu cartera.

Retos de la jubilación

Deberías poder jubilarte cuando quisieras. Lo único que te frenaría sería que la persona más joven que fuiste no ahorrara lo suficiente. Deberías haber hablado con tu yo más joven y haberle expresado tu deseo de jubilarte a los 55 años.

Si cuando era joven preveía una jubilación de 20 años, ahora puede asumir que la jubilación podría ser de 30 años o más. Eso añade otros 10 años de incertidumbre. Si goza de una salud excepcional, podría añadir una o dos décadas más a esa proyección. ¿Qué posibilidades hay de que no pueda jubilarse y, lo que es más importante, seguir jubilado?

Un gran riesgo es la inflación, o más exactamente, los aumentos del coste de la vida. Durante las dos décadas que van de 1993 a 2013, la tasa de inflación anual se situó en torno al 2,4% de media. En las dos décadas anteriores se registraron tasas de inflación de hasta el 13,5%.

¿Estamos de acuerdo en que el 3% es una tasa de inflación conservadora de cara al futuro? Para mantener el ritmo, sus ingresos tendrían que duplicarse cada 20 ó 24 años. Eso significa que no puedes confiar en inversiones garantizadas que rindan entre el 1% y el 3% anual y esperar seguir jubilado... a menos que tengas millones.

Los recientes repuntes de la inflación dificultan aún más la planificación de la jubilación. El ajuste del coste de la vida o COLA de 2022 fue del 5,9% para todos los beneficiarios de la SSI. Entró en vigor en enero de 2022. Las estimaciones actuales para el COLA de 2023 son del 8,7%.

Un estudio indicaba que en 1999 los jubilados pedían una tasa de retirada anual del 8 al 10 por ciento[38]. Los economistas de la época aconsejaron que retirar el 5% era una opción más sensata, ya que permitiría que las cuentas crecieran a un ritmo acorde con la inflación.

Esto aumentaría el número de dólares que los jubilados reciben cada año, pero se limitaría a mantener su nivel de vida y nada más, debido al efecto inflacionista.

Con los bajos tipos de rendimiento actuales de las inversiones de renta fija garantizadas por el principal, se considera que una retirada anual del 3% es la tasa sostenible.[39] El temor de cara al futuro es que la parte fija de sus ahorros para la jubilación no le resulte tan rentable como en años anteriores. Esto significa que tendrá que ahorrar más durante sus años de trabajo para seguir jubilado con unos ingresos crecientes.

Para ilustrar el impacto de la inflación, pensemos en una persona de 25 años que empieza a ahorrar para la jubilación haciendo su aportación máxima anual a la cuenta IRA de 6.000 dólares. Por cierto, esa aportación también reduciría su renta imponible y sus impuestos cada año.

Supongamos que su cuenta se invirtiera en una cartera equilibrada que ganara un 8% compuesto anualmente. A los 67 años -la edad actual de jubilación completa de la Seguridad Social- tendría la asombrosa cantidad de 1.971.498 dólares para la jubilación.

Por supuesto, serían dólares inflados. El poder adquisitivo equivalente al que tenía cuando empezó a ahorrar a los 25 años sería de 851.960 dólares. Es probable que sus distribuciones estén sujetas a impuestos, pero a un tipo impositivo más bajo que durante sus años de trabajo.

Las cuentas IRA están infestadas de impuestos. El remedio es convertirse a una Roth IRA. El Tío Sam quiere entre el 12% y el 37% de todo lo que hay en una IRA tradicional y nada en una Roth. Si es probable que tenga un tipo impositivo igual o superior en la jubilación, planifique una conversión a Roth o invierta en IRA Roth desde el principio.

Si, en cambio, esa joven de 25 años ahorrara en una cuenta Roth IRA, ese dinero estaría libre de impuestos en la jubilación, lo que añadiría un importante ingreso adicional a la Seguridad Social, un ingreso que no tiene que compartir con el Tío Sam. Aunque nadie sabe qué cambios se producirán en la legislación fiscal en los próximos 40 años, es poco probable que su SSI caiga por debajo del umbral para que también sea libre de impuestos.

¿Qué podría hacer descarrilar este supertren de la jubilación? Los mismos escollos que pueden hacer descarrilar cualquier plan financiero. Estoy excluyendo los acontecimientos globales fuera de nuestro control. Esta es la breve lista de obstáculos sobre los que puedes ejercer cierto control:

1. Deuda y gasto excesivo
2. Jubilarse demasiado pronto
3. Divorcio y problemas familiares
4. Enfermedad, discapacidad, adicción y muerte prematura
5. Desempleo
6. Opciones de inversión imprudentes
7. Exceso de imposición

En un mundo perfecto, todo el mundo tendría una buena educación, gozaría de buena salud, tendría una familia afectuosa, una carrera gratificante, viviría dentro de sus posibilidades y evitaría las deudas. Nadie sería presa de inversiones fraudulentas, y sus carteras equilibradas arrojarían la tasa media de crecimiento perfecta cada año.

Por desgracia, no vivimos en un mundo perfecto, y la vida real sucede con demasiada frecuencia. Es esencial evitar tomar decisiones imprudentes que pueden hacer casi imposible volver al buen camino. Hay muchos libros sobre este tema.

Deuda y gasto excesivo

Los cerebros paupérrimos creen que tienen más riqueza si gastan más dinero. Creen que tener el coche más nuevo, la casa más grande o la mejor ropa les hace ricos. Los indigentes suelen reunirse en clubes de campo, joyerías, tiendas de ropa y restaurantes caros.

Los verdaderos ricos también pueden encontrarse en estos lugares, pero a menudo conducen un vehículo más antiguo y evitan hacer ostentación de su riqueza. Hay un dicho: "No me hice rico malgastando mi dinero". Los ricos odian las deudas; los pobres se sumergen en ellas.

Aunque una buena educación puede marcar la diferencia en el futuro de un joven, un préstamo estudiantil asfixiante puede contrarrestar gran parte de la ventaja. Los pobres tienden a pedir prestado para ir a la escuela. Supongo que es una forma de pasar el legado de la indigencia a la siguiente generación. Mi consejo a los jóvenes es que si tú o tus padres no pudisteis ahorrar lo suficiente, hagáis caja con vuestros estudios.

Elige una universidad asequible con un buen nivel académico y pregunta por el índice de inserción laboral de tu especialidad. Lo que quieres es poder encontrar trabajo después de graduarte.

Las escuelas de oficios y técnicas son una gran alternativa a la educación tradicional de 4 años -o, en mi caso, 5 años- en una universidad privada o pública. Si un estudiante encuentra una profesión gratificante, a menudo puede obtener más ingresos que un graduado universitario. La ventaja es que adquieren experiencia y formación en el trabajo al tiempo que reciben una educación de calidad.

Muchos colegios comunitarios tienen programas conectados a las escuelas secundarias locales que permitirán obtener un título de asociado a bajo costo o gratis. Una universidad de 4 años transferirá los créditos y tu familia se ahorrará $50,000 o más en préstamos estudiantiles.

El cerebro indigente te dice que te compres un coche nuevo y reluciente. Las matemáticas dicen que es una de las peores decisiones que puedes tomar. Los coches son consumibles. La mayoría acaban sin valor. El primer día que tienes un coche nuevo te cuesta entre el 5% y el 15% del precio de compra.

Esta depreciación se prolonga hasta un 25% durante el primer año. Que los pobres compren coches nuevos. Mi consejo es que compres un coche bonito dentro de tu presupuesto que tenga entre 3 y 5 años y un kilometraje razonable.

Si tu presupuesto es ajustado, compra una preciosidad con hoyuelos que se venda con un descuento importante y que funcione bien. Paga el coche al contado. Haz grandes pagos y amortiza el coche en un año si no puedes pagar al contado. Haz todo esto dentro de tu presupuesto. El transporte básico no debería ser una carga financiera.

Los pobres odian los presupuestos. Gastan más de lo que ganan. Compran lo que quieren sin pensar en las consecuencias. Los mendigos tienen tarjetas de crédito con tipos de interés altos y saldos que arrastran y que utilizan mucho. Es una manera muy pobre de vivir. Mi recomendación es crear un presupuesto y vivir dentro de él.

El día de los intereses bajos en las hipotecas puede haber terminado. Un propietario que tiene una hipoteca a 30 años paga un tipo de interés significativamente más alto que un propietario con una hipoteca a 15 o 20 años. Hace 20 años, mi mujer y yo hicimos una hipoteca a 5 años y pagamos sólo un 4% cuando las hipotecas a 30 años rondaban el 9% anual.

Con un tipo hipotecario más bajo, dedicamos nuestros ahorros a pagar la casa. Llevamos 25 años sin hipoteca. A continuación, dirigimos nuestros esfuerzos a ahorrar para la jubilación. Es increíble lo fácil que resulta presupuestar cuando no hay que pagar hipoteca.

Si tienes pagada la hipoteca de tu casa, no debes nada a las tarjetas de crédito, conduces un coche bonito pero modesto y fiable y vives dentro de tu presupuesto, es probable que tengas una jubilación más satisfactoria.

Jubilarse demasiado pronto

En una encuesta reciente de Bankrate,[40] , tres cuartas partes de los trabajadores estadounidenses afirmaron que esperan seguir trabajando después de jubilarse. A la mayoría les gusta trabajar y lo echarían de menos si se jubilaran de golpe. Trabajar más allá de la edad de jubilación es una forma estupenda de sacar el máximo partido a cada dólar ahorrado.

También puede optar por retrasar la SSI hasta los 70 años. Cada año que retrasa la jubilación, sus inversiones crecen. Usted contribuye más a esas inversiones, y los pagos de la Seguridad Social aumentan hasta un 8 por ciento al año durante el resto de su vida. La Seguridad Social es el único ingreso para cerca del 28 por ciento de los jubilados, pero podría casi duplicarse si se deja sin tocar hasta los 70 años.

El cálculo es demasiado complicado para ser definitivo, pero si sus únicas opciones fueran jubilarse a los 62 años y cobrar el SSI o trabajar hasta los 70 sin activar su SSI, probablemente podría obtener aproximadamente el doble de sus ingresos de los 62 años a los 70 años.

Sólo tendría que esperar entre 79½ y 82 años para percibir el mismo total de pagos que usted a los 62 años, "jubilado el primer día posible". Desde los 79½ a los 82 años hasta su fallecimiento, sus ingresos se duplicarían. Si goza de una salud excelente y vive hasta los 90 años, las matemáticas le son muy favorables para retrasar el SSI.

Puede seguir ingresando dinero en su cuenta IRA, 401k y ahorros no cualificados. Su jubilación y sus ahorros pueden duplicarse en el mismo periodo con un crecimiento y unas aportaciones normales. Esa modesta jubilación se convierte en una jubilación supergrande y satisfactoria. De todos modos, pensaba vivir más tiempo después de jubilarse, así que ¿por qué no tener el doble de dinero?

El SSI también cuenta con la prestación por coste de la vida o COLA (Cost-of-Living Allowance), cuyo objetivo es seguir el ritmo de la inflación. Las primas de Medicare se deducen de su pago de SSI y suben con la inflación. Muchos beneficiarios de la SSI se quejan de que los aumentos de Medicare consumen todo su COLA de la SSI. Esto es mucho menos probable cuando su cheque es de gran tamaño.

Un beneficiario del SSI de 70 años obtendrá un COLA mucho más beneficioso que uno de 62 años. El COLA para 2022 fue del 5,9% y las estimaciones para 2023 superan el 8,7%. Las primas de Medicare son fijas para todos los beneficiarios.

Debe percibir el SSI a los 70 años. Le conviene seguir ahorrando en su propio plan de jubilación si continúa trabajando. Las matemáticas juegan a su favor para ahorrar después de los 70 años. Ahora puede hacer pagos deducibles de la cuenta IRA después de los 70 si usted o su cónyuge tienen ingresos por trabajo.

Puede seguir aportando dinero a su plan 401k o a la mayoría de los planes de jubilación patrocinados por la empresa. En la mayoría de los casos, no tiene que realizar distribuciones mínimas obligatorias (RMD) a los 72 años mientras siga trabajando.

Desde hace mucho tiempo, las cuentas Roth IRA permiten realizar aportaciones después de los 70 años si usted o su cónyuge tienen ingresos salariales. Estos ingresos suelen proceder de un trabajo con retención FICA. Un contador público o contable también puede informarle si su empresa individual le permite realizar aportaciones deducibles a una cuenta IRA. Las cuentas Roth no permiten deducciones fiscales de los ingresos.

Las cuentas Roth IRA no exigen que se realicen aportaciones periódicas en vida. Si hereda la cuenta Roth IRA de su cónyuge por fallecimiento de éste, puede convertirse en su cuenta Roth IRA. Puede conservarla libre de impuestos, igual que si hubiera realizado las aportaciones.

Siempre que tenga rentas del trabajo, puede contribuir a una cuenta Roth IRA[41] . También puede contribuir a la cuenta Roth de su cónyuge que no trabaje. En 2022, la cantidad es de 6.000 $ cada uno o 12.000 $ por pareja y año, o 7.000 $ cada uno o 14.000 $ para parejas mayores de 50 años. En 2023, la cantidad es de $6,500 cada uno o $13,000 por pareja por año, o $7,700 cada uno o $15,000 para parejas mayores de 50 años.

Las cuentas IRA Roth son un activo atractivo para heredar. ¿Qué tiene de malo la exención de impuestos? La mayoría de las prestaciones por fallecimiento de los seguros de vida están libres de impuestos. Los impuestos se complican con las rentas vitalicias. Estos activos pasan el testamento libre en casi todos los casos con sólo presentar un certificado de defunción y la presentación de una solicitud de transferencia.

Las rentas vitalicias no cualificadas o que no son de jubilación tienen consecuencias fiscales complicadas cuando se activan los retiros. Las rentas vitalicias de jubilación tributan según las normas IRA, 403b, Roth u otras. Las rentas vitalicias de propiedad individual gravarán los retiros de todas las ganancias como ingresos ordinarios hasta que el propietario alcance la base de coste. Los retiros de la base de coste de las anualidades no cualificadas están libres de impuestos.

Las cuentas IRA tradicionales heredadas tienen requisitos complicados en cuanto a los RMD. Le recomiendo que trabaje con un profesional fiscal cualificado o un planificador financiero para determinar cómo evitar multas elevadas. Los cónyuges pueden transferir las cuentas IRA heredadas a su nombre. Los no cónyuges están sujetos a una regla de cinco o diez años y deben realizar RMD.

Divorcio y problemas familiares

Seguro que nuestros antiguos antepasados tenían problemas familiares. Desde que la monogamia se puso de moda, hemos discutido con nuestros cónyuges. Diferentes culturas manejan el divorcio y los problemas familiares de diversas maneras. Hablemos de cómo los afrontamos en la América moderna.

Su cónyuge divorciado tiene derecho al 50% de su negocio, su casa, su coche y sus efectos personales. Lo dicen en serio cuando hablan de repartirse las sábanas. La mayor pelea puede ser por los niños y quizá por el perro. ¿Cómo van a repartirse el perro? He visto un acuerdo de custodia en el que a cada cónyuge se le daba un régimen de visitas para el perro.

En la mayoría de los estados, el cónyuge se queda con el 50% del plan de jubilación acumulado durante el matrimonio. Si una pareja ha acumulado dos planes de jubilación iguales, es relativamente fácil dividir las cuentas.

Los pobres tienden a casarse por las razones equivocadas y a casarse con otros pobres. Puede ser una unión desastrosa. El gasto competitivo suele ser un deporte en un hogar de indigentes, lo que, por supuesto, tendría consecuencias negativas en la jubilación.

Si se hace correctamente, los bienes separados que posee cuando se casa pueden seguir siéndolo después del divorcio. Pida a su equipo de profesionales financieros y jurídicos que protejan sus bienes independientes. Si se mezclan, los bienes separados se convierten en gananciales.

Los bienes heredados, las aportaciones a planes de jubilación antes del matrimonio, los bienes inmuebles propiedad individual de uno u otro cónyuge y los regalos de un ser querido son probablemente bienes independientes.

Casi todo lo demás no son bienes separados. Esto puede variar mucho de un estado a otro, así que consulte a profesionales familiarizados con las leyes de su estado. Por lo general, los ingresos procedentes de bienes separados son bienes gananciales y, por tanto, pertenecen a ambos cónyuges a partes iguales.

Le recomiendo que aumente sus posibilidades de casarse con la persona adecuada asistiendo a un asesoramiento prematrimonial impartido por un especialista cualificado. En muchas ciudades hay servicios de asesoramiento especializados en ayudar a una pareja joven a empezar con buen pie.

Si desea una lectura fácil sobre cómo elaborar un presupuesto, cómo hablar de temas financieros con su nuevo cónyuge y otras cuestiones importantes, consulte la Lista de lecturas recomendadas al final del libro.

Enfermedad y discapacidad

Ya en la antigüedad, los jóvenes se creían indestructibles. Las guerras siempre las han librado los jóvenes. Tienen reflejos más rápidos, pero también menos miedo a las consecuencias. A medida que nos acercamos a la jubilación, estoy seguro de que nuestros cuerpos nos hacen saber que las cosas ya no son iguales.

Cuando somos jóvenes, pensamos que viviremos para siempre y que nunca enfermaremos. Los indigentes suelen alargar esa suposición hasta la edad adulta. Los gastos médicos pueden ser devastadores para un plan financiero.

A los 65 años, la mayoría de los estadounidenses tienen derecho a Medicare, que en muchos casos es más importante que la Seguridad Social. Para las personas mayores, los gastos médicos desbordan cualquier presupuesto. Medicare cubre esa necesidad a un coste razonable.

Sin un seguro de enfermedad, un seguro de invalidez y, eventualmente, un seguro de dependencia, su patrimonio y su plan de jubilación pueden quedar destrozados por cualquier cosa más grave que una enfermedad trivial. Todo el mundo se pone enfermo. Algunos enferman tanto que ya no pueden ocuparse de su propio mantenimiento y de las actividades de la vida diaria. Con la ayuda de la ciencia médica, una enfermedad debilitante puede durar años.

Las enfermedades crónicas a largo plazo que ahora se tratan con éxito son, entre otras, la diabetes, las enfermedades cardiovasculares y cardiacas, las enfermedades renales crónicas, las enfermedades respiratorias crónicas, las enfermedades neurológicas crónicas como la esclerosis múltiple, el dolor crónico, las enfermedades autoinmunes, las enfermedades mentales y las adicciones. Nuestros antiguos antepasados eran incapaces de hacer frente a estos problemas. La esperanza de vida podía ser corta si sus antiguos antepasados tenían incluso problemas dentales.

Si cae enfermo o queda discapacitado durante su carrera profesional, su familia sufre un doble golpe. Además de los gastos de la enfermedad, ahora no tienes ingresos del trabajo.

A su cónyuge puede resultarle difícil o imposible trabajar, sobre todo si tiene que cuidar de usted. Si falleces a una edad temprana o "fuera de orden", dejarás a tu familia con deudas y sin medios para mantener su estilo de vida.

El indigente dice: "No quiero pensar en ello. Mi cónyuge simplemente malgastará el dinero en un nuevo cónyuge". Este es un pensamiento miope para aquellos que pretenden amar a su cónyuge y a su familia.

Si puede asegurarse, le recomiendo que contrate entre 7 y 15 veces su salario anual en un seguro a plazo fijo de bajo coste. Si no es asegurable, contrate un importe similar o el máximo de la cobertura colectiva de su empresa, si dispone de ella. Los seguros de vida colectivos rara vez exigen demostrar la asegurabilidad.

Si es asegurable, contrate un seguro a plazo suscrito mientras goce de excelente salud en cuanto tenga obligaciones familiares. Suelo aconsejar a mis clientes que contraten el seguro de mayor duración posible para su edad. Cuesta más, pero las primas permanecen fijas hasta 20 o 30 años.

Si fuma o consume productos del tabaco, su seguro le costará aproximadamente el doble. Le recomiendo que contrate la cobertura adecuada y deje de fumar.

Una vez que esté libre de tabaco, vuelva a solicitarlo. Puede obtener una gran reducción del coste. Una vez emitida la nueva póliza, puede renunciar a la cobertura cara.

La mayoría de las veces, al solicitar un seguro de vida, podrá optar a tarifas estándar a menos que tenga problemas de salud importantes o sea obeso. Si su estatura y peso, química sanguínea, antecedentes familiares y salud están por encima de la media, puede optar a tarifas preferentes. Algunas compañías incluso tienen tarifas superpreferentes, para fumadores preferentes y otras formas de atraer a los clientes más deseables. Si reúne los requisitos, pida las mejores tarifas, más cobertura y plazos más largos.

Mientras siga trabajando, si cumple los requisitos, debería plantearse contratar un seguro de invalidez (DI). Le sustituirá entre el 60% y el 70% de sus ingresos. El DI es caro y la suscripción es difícil, pero es especialmente importante para los profesionales que han invertido años y a veces fortunas en su educación.

Si queda incapacitado para ejercer su profesión, comenzarán los pagos y normalmente continuarán durante 2, 5, 10 años o hasta la jubilación, dependiendo de la póliza y de las cláusulas adicionales que haya contratado en el momento de la compra. Una vez más, debe solicitarlo pronto. Debe gozar de excelente salud para obtener tarifas decentes.

La Seguridad Social también tiene un seguro de invalidez. Debe estar gravemente incapacitado y no poder realizar ningún trabajo. El hecho de que ya no pueda ser abogado, médico o contable no le valdrá para recibir ingresos por DI de la Seguridad Social. Debe ser incapaz de hacer cualquier cosa.

El mayor gasto que probablemente tendrá será el cuidado asistencial en los últimos años de su vida. Estos cuidados suelen ser prestados por una residencia de ancianos, un cuidador profesional a domicilio o un familiar.

El seguro de dependencia comienza cuando usted ya no puede realizar las actividades de la vida diaria.[42] Si quieres conocer las estadísticas más recientes, visita la página web del Departamento de Salud y Servicios Humanos de EE.UU., longtermcare.gov.

Un reciente artículo de Morningstar afirmaba que el 70% de los residentes en residencias de ancianos son mujeres. 80 es la edad media de ingreso en una residencia de ancianos. La mayoría de las mujeres son las principales cuidadoras de sus cónyuges, que también pueden necesitar cobertura en residencias de ancianos, para permanecer más tiempo en casa.

Le recomiendo que considere la posibilidad de contratar una cobertura de dependencia en algún momento mientras goce de buena salud, entre los 55 y los 65 años. Su gasto de bolsillo en LTCI se aproximará probablemente al importe total de las primas anuales pagadas hasta los 85 años, independientemente de cuándo empiece.

A los 55 años, las primas de la póliza para una pareja podrían ser de 3.000 dólares al año. A los 85 años, las primas ascenderán a unos 90.000 dólares. Esperar hasta los 65 años aumenta las primas a unos 4.800 dólares anuales, lo que hace que el coste total a los 85 años sea de unos 96.000 dólares.

Si comprara la cobertura a los 55 años, tendría 10 años más de cobertura y ahorraría unos 6.000 $. Como es mucho más probable que obtenga una mejor calificación a los 55 años, le recomiendo que contrate la cobertura LTCI pronto si puede permitírselo.

Entre las formas de reducir los costes se incluyen los descuentos para cónyuges si ambos lo solicitan, contratar importes de cobertura más bajos con protección frente a la inflación y adquirir planes elegibles para parejas de hecho si su estado avala este tipo de cobertura.

Los planes de asociación pueden permitirle ser elegible inmediatamente para la cobertura de Medicaid después de que su póliza LTCI haya abonado su último pago sin requerir el gasto completo hasta los 2.000 dólares. Si se hace correctamente, esto protegerá todo o parte de un patrimonio modesto.

El seguro de dependencia es caro. Un poco de cobertura es mejor que nada, pero no compre demasiada. Se trata de un tema complicado. La mayoría de los CERTIFIED FINANCIAL PLANNER™ Practitioners pueden cotizar coberturas de cuidados a largo plazo o pueden recomendarle un profesional de seguros competente en su zona. Visite www.CFP.com y obtenga una lista de profesionales de su zona.

Desempleo

El desempleo es un concepto relativamente reciente. Nuestros antepasados heredaron el negocio familiar. Mientras hubiera caza en la sabana y raíces, cereales, frutas y bayas que recolectar, todo iba bien. Una vez que la agricultura empezó a transformar nuestro modo de vida, hombres y mujeres se convirtieron en especialistas.

A una familia le iría mejor criando cabras, a otra fabricando herramientas. Entonces podían comerciar, y ambas familias estaban mejor. Se creaba riqueza.

En los tiempos modernos, el desempleo es siempre una posibilidad. La persona prudente tiene un fondo de emergencia para cubrir de 3 a 6 meses de gastos. Si ambos cónyuges trabajan, puede ser menos. Los pobres tienden a endeudarse y a no ahorrar.

La cobertura de las prestaciones del Seguro Federal de Desempleo ayuda, pero no es tan buena. Si renuncias o te despiden por una causa justa, no recibirás nada. Te recomiendo que guardes un fondo de emergencia suficiente en inversiones líquidas de bajo riesgo con un banco depositario de alta calidad.

No hace falta que te lo diga, pero debes reducir drásticamente los gastos discrecionales y conservar tus recursos hasta que se restablezcan tus ingresos. Los pobres tienden a negarlo y siguen gastando para mantener las apariencias. Un fondo de emergencia puede durar mucho tiempo si sólo se paga lo esencial.

Opciones de inversión imprudentes

Los pobres tienden a ver las inversiones como una serie de apuestas. Si han tenido buena suerte con las inversiones, se arriesgarán demasiado. Si han tenido mala suerte, no asumirán ningún riesgo. Ambos enfoques son erróneos. Demasiado riesgo y las inversiones pueden desaparecer o diezmarse durante una corrección normal del mercado. Demasiado poco riesgo y los beneficios de las inversiones pueden ser mínimos o inferiores a la tasa de inflación.

Su objetivo es invertir en una cartera diversificada que contenga una amplia proporción de inversiones con bajas correlaciones. Eso le ayudará a maximizar el rendimiento y reducir el riesgo.

La Teoría Moderna de Carteras es una formulación matemática del concepto de diversificación en la inversión, con el objetivo de seleccionar un conjunto de activos de inversión que tenga colectivamente un riesgo menor que cualquier activo individual.

Esto es posible, en teoría, porque los distintos tipos de activos suelen cambiar de valor de forma opuesta.

Según la Teoría Moderna de Carteras o MPT, es posible construir una frontera eficiente de carteras óptimas que ofrezcan el máximo rendimiento esperado posible para un nivel de riesgo dado.[43] El objetivo final es reducir el riesgo y aumentar los rendimientos utilizando una cartera equilibrada.

Los pobres invierten por instinto. Rigen los comportamientos de miedo, codicia y ludopatía. Los inversores inteligentes saben que una cartera equilibrada y disciplinada puede producir un rendimiento razonable para un determinado nivel de exposición al riesgo. Si a esto se añade la aversión a la inflación y el deseo de reducir los impuestos, los resultados son aptos para mejorar.

En la lista de lecturas que figura al final del libro se incluyen varios libros excelentes sobre la creación de una cartera equilibrada de calidad. Si decide gestionar sus propios fondos, le recomiendo que sopese cuidadosamente su elección. El capítulo final del libro contiene algunos conocimientos valiosos a tener en cuenta antes de emprender la ardua tarea de la autogestión de carteras.

Le recomiendo que trabaje con un profesional CFP®, CERTIFIED FINANCIAL PLANNER™ Practitioner o Registered Investment Advisor con 5 o más años de experiencia. Usted quiere un profesional financiero experimentado que actúe como su fiduciario.

Un deber fiduciario es una obligación legal de actuar exclusivamente en interés de otra parte. Los fiduciarios no pueden beneficiarse de su relación con sus mandantes o clientes a menos que cuenten con el consentimiento expreso e informado de éstos.

También tienen el deber de evitar cualquier conflicto de intereses entre ellos y sus mandantes o entre sus mandantes y los demás clientes de los fiduciarios. La obligación fiduciaria es el deber de diligencia más estricto reconocido por el ordenamiento jurídico estadounidense.[44] Si yo fuera usted, exigiría esto a todos mis profesionales financieros.

La mayoría de los corredores de seguros no están sujetos a la norma fiduciaria. Puede que le proporcionen una cartera de inversiones adecuada, pero la norma de idoneidad crítica es inferior.

Los fiduciarios están obligados a revelar todos los hechos materiales, mientras que los agentes de seguros deben seguir las normas comerciales promulgadas por su Estado y, en general, se espera de ellos que actúen con responsabilidad y ética.

Los fiduciarios están obligados a ofrecer una presentación equilibrada; a los demás se les permite hacer una presentación de ventas. He aquí una comparación.

Fiduciary Standard versus Fair Dealing Standard

Fiduciary	Fair Dealing
Principles and relationship based	Rules and transaction based
Singular duty of loyalty	Divided loyalty
Due care of a prudent expert	Deal fairly, consistent with industry standards
Utmost good faith	Suitability
Avoid or manage conflicts	Conflicts may exist, unmanaged and undisclosed
Disclose material facts	Disclose certain material facts

Su objetivo debe ser siempre recibir asesoramiento y colocar inversiones que redunden en beneficio de su familia. Exigir un asesor que tenga responsabilidad fiduciaria aumenta la probabilidad de que reciba un buen asesoramiento. Recibir asesoramiento de un vendedor sin formación o experiencia aumenta la probabilidad de que obtenga un mal resultado.

Exceso de imposición

En un mundo perfecto, pagaríamos pocos o ningún impuesto. Obviamente, no vivimos en un mundo perfecto. Los tramos impositivos federales más altos han ido aumentando y actualmente son del 37%. Según la ley actual, las exenciones se eliminan progresivamente para las personas con ingresos superiores a 539.000 dólares y para las parejas a partir de 1.079.800 dólares.

Los impuestos estatales sobre la renta pueden llegar al 13,3%, como en California, o a cero, como en Texas. Las cuentas Roth IRA mantenidas durante 5 años o más permiten distribuciones libres de impuestos después de los 59 ½ años de edad que están libres de impuestos tanto estatales como federales.

Por ello, creo que es importante señalar que algunos jubilados pagarán su última factura fiscal el año en que se jubilen. ¿Llevan estos jubilados una vida miserable? En absoluto. Disfrutan del mismo estilo de vida que los demás jubilados.

¿Cómo es posible entonces que se jubilen con buenos ingresos y no paguen impuestos? ¿Están engañando al gobierno? ¿Serán objeto de constantes auditorías por parte de Hacienda? De nuevo, en absoluto. Pueden jubilarse sin pagar impuestos porque planearon durante sus años de trabajo jubilarse sin pagar impuestos.

Veamos cómo lo hacen. La Seguridad Social está sujeta a impuestos si sus ingresos superan determinados límites. Si está casado y presenta una declaración conjunta y sus ingresos superan los 32.000 $ MAGI,[45] hasta el 50% de su SSI podría estar sujeto a impuestos.

Si ustedes dos ricos ganan más de 44.000 $ MAGI entonces hasta el 85 por ciento de su SSI puede ser gravado. Si eres soltero o declaras por separado, el límite del 50% es de 25.000 $ y el del 85% es de 34.000 $.

Usted puede asumir que será imposible tener una jubilación rica y mantener sus ingresos por debajo de esos umbrales, pero hay muchos tipos de ingresos que no están incluidos en su MAGI.

He aquí una lista parcial:

- Ingresos de la cuenta Roth IRA

- Devolución del capital de una renta vitalicia, seguro de vida o inversión en acciones

- Efectivo tomado en préstamo de una póliza de seguro de vida entera

- Determinados pagos por invalidez

- Aportaciones a la Cuenta de Ahorro Sanitario

- Intereses de préstamos estudiantiles

- Gastos del educador

- Impuestos de autónomos permitidos

- Deducciones detalladas permitidas por encima de la deducción estándar, incluidas las deducciones benéficas

- Prestaciones por fallecimiento del seguro de vida

- Anticipo de efectivo de un préstamo o hipoteca

- Ingresos diferidos dentro de una renta vitalicia

Muchas fuentes de ingresos tienen ventajas fiscales:

- Tratamiento de la plusvalía a largo plazo para las acciones o bienes inmuebles apreciados cuando se venden después de un año y un día

- Inversiones inmobiliarias con amortización

- Deducciones empresariales o agrícolas

- Dividendos gravados entre el 0% y el 20%.

- Renta fija municipal

Existen otras formas de reducir los ingresos de la base imponible:

- Aportaciones cualificadas deducibles a determinados planes de jubilación.

- Determinadas inversiones en petróleo y gas

- Por regla general, los créditos fiscales no afectan al IMAC.

- La pensión alimenticia es deducible para el cónyuge pagador y gravable para el cónyuge beneficiario.

- Aplazar los ingresos de los planes de jubilación

Si la suma de la mitad de su prestación de la Seguridad Social y su IMG supera el límite de cuantía (en función de su situación fiscal), una parte de su prestación de la Seguridad Social estará sujeta a tributación.

Los ingresos por bonos libres de impuestos se consideran un añadido a su AGI y MAGI a la hora de calcular si su prestación de la Seguridad Social está sujeta a impuestos. Tenga en cuenta que este impuesto encubierto puede anular toda la buena planificación que haya hecho para recibir ingresos libres de impuestos de la Seguridad Social.

No deje que esto le disuada de invertir en bonos libres de impuestos. El balance final sigue siendo positivo para los jubilados con rentas más altas cuyo SSI está sujeto a impuestos de todos modos.

Trabaje siempre con un profesional fiscal cualificado a la hora de hacer estos cálculos. Las normas fiscales son complicadas, fáciles de malinterpretar, cambian constantemente y no siempre tienen sentido.

Lo más probable es que vaya a reducir su MAGI tomando ingresos de una cuenta IRA Roth o utilizando el capital de una inversión anterior. Las partidas más gravadas de su declaración son los ingresos procedentes de certificados de depósito de titularidad individual, los rendimientos del trabajo, los ingresos por intereses de una renta vitalicia no cualificada por encima de la base de coste y las retiradas de una cuenta IRA tradicional u otro plan de jubilación antes de impuestos.

Si recibió una deducción de ingresos, un aplazamiento de impuestos o un beneficio fiscal por depreciación por poner el dinero en el plan o la inversión, es probable que el dinero esté sujeto a impuestos cuando lo retire. Si invirtió dinero después de impuestos, es más probable que le llegue libre de impuestos o con ventajas fiscales.

Es posible que una persona soltera o una pareja que recibe SSI reduzca los ingresos por encima de la línea, especialmente aquellos que poseen un negocio. He aquí algunas posibles deducciones:

- Determinados gastos profesionales de reservistas, artistas y funcionarios remunerados.

- Intereses de préstamos estudiantiles

- Matrícula y tasas

- Pérdidas de inversión de hasta 3.000 dólares al año

- Gastos de los educadores

- Gastos de autónomos

- Gastos de alquiler

- Contribuciones a cuentas de ahorro sanitario y cuentas de gastos flexibles

- La mitad del impuesto de autoempleo

- Deducción por seguro de enfermedad para autónomos

- Aportaciones de autónomos a planes SEP, SIMPLE y cualificados

- Sanción por retirada anticipada de ahorros

- Pérdidas de inversiones contra ganancias; hasta 3.000 $ cada año contra ingresos ordinarios.

Con un poco de planificación puede controlar los impuestos que paga durante la jubilación para que sea usted -y no Washington- quien gaste el dinero que tanto le ha costado ganar. Dedique ahora unos minutos a introducir pequeños cambios en sus planes de ahorro para la jubilación de modo que, cuando se jubile, pueda hacerlo como pocos. Reducir sus impuestos le permitirá sacar más partido a su jubilación que enviando el 22% o más a Hacienda.

Conclusiones

Llegados a este punto, deberías estar convencido de que tu cerebro de pobre ha sido derrotado y ahora eres un ser humano más sabio. Reconoces el daño que el gasto excesivo inflige a la creación de riqueza. Tener demasiadas cosas es una carga que te frenará y te impedirá alcanzar tus objetivos.

Gastando menos, vences los problemas de endeudamiento que acosan a los indigentes. Vivir con tus ingresos y ahorrar resulta más fácil cada año.

Su vida personal será sin duda más fluida. Las relaciones serán más enriquecedoras y gratificantes si todo el mundo está de acuerdo. Es incluso más fácil ver el desempleo ocasional como una reorganización temporal y no como una interrupción de su modo de vida.

Debe tener la cantidad adecuada de seguro por enfermedad, invalidez o muerte prematura para que su familia no quede desamparada en caso de que ocurra lo inesperado. Trabajar con un profesional fiduciario cualificado puede facilitarle mucho el proceso.

Ahora debería estar planificando tener activos suficientes para una jubilación satisfactoria que empiece cuando usted quiera que empiece. Debería ahorrar lo suficiente ahora y hacer esos pequeños cambios lo antes posible para jubilarse con unos impuestos manejables.

Mire a su alrededor. Es probable que ahora te vaya mejor que al 90% de tus compañeros. Hay motivos para celebrarlo. En agradecimiento, ahora es un buen momento para convertirse en un evangelista de la planificación financiera adecuada. A ver si puede ayudar a otros a hacer lo mismo. En todas partes hay indigentes a los que les vendría bien un consejo amable.

Capítulo Siete

Finanzas conductuales

Los profesionales de la inversión han estado desconcertados por el comportamiento irracional de los mercados financieros desde el principio de los tiempos. Ya hemos hablado de uno de los primeros ejemplos, la manía de los tulipanes del siglo XVI. Muchas veces parece que hay más comportamientos bursátiles irracionales que racionales.

Los economistas del mundo quieren hacerle creer que rige la hipótesis del mercado eficiente (HME). La HME afirma que, en un mercado de gran liquidez, los precios de las acciones se ajustan exactamente a su valor. Esta teoría supone que todos los participantes en el mercado de valores intentan maximizar las ganancias y reducir las pérdidas.

Otra idea dice que todos los participantes en el mercado de valores tienen un conocimiento completo de toda la información. Todos los participantes son racionales, inteligentes y actúan para maximizar el éxito. Todos los participantes tienen acceso a la misma información, ya sea completa o errónea. El precio actual o "precio justo" es el mejor precio al que llega un mercado líquido en ese momento dado.

Las mentes más brillantes de la economía y las finanzas han sido incapaces de explicar anomalías como las burbujas y las recesiones profundas. La mayoría de los participantes en el mercado bursátil no pueden explicar la volatilidad que a menudo atormenta y desconcierta a los inversores día a día o a veces cada hora.

Creo que se debe a que los humanos están utilizando el lado ancestral o paupérrimo de sus cerebros y negocian acciones como cazadores. Las reglas de comprar barato y vender caro rara vez se han seguido durante una venta volátil.

John Maynard Keynes (1883-1946) fundó la mayoría de nuestras ideas fundamentales sobre economía. Sus ideas sobre macroeconomía, políticas económicas gubernamentales y ciclos económicos le convierten en el economista más influyente del siglo XX.

Los mercados se mueven por espíritus animales, y no por la razón.
John Maynard Keynes

Durante la Gran Depresión, publicó su obra magna, La teoría general del empleo, el interés y el dinero. Ni siquiera él pudo explicar por qué se producían comportamientos irracionales, a veces con más frecuencia que los racionales.

La investigación reciente se ha centrado en el comportamiento ilógico exhibido en los mercados de valores y ha denominado a esta especialidad Finanzas del Comportamiento o BF (Behavioral Finance). Las BF están en contradicción directa con la Hipótesis del Mercado Eficiente y la Teoría Moderna de la Cartera. Este conflicto se explica estudiando una serie de sesgos y observaciones psicológicas.

El análisis estadístico nos permite ahora comprobar con precisión las decisiones de inversores, analistas, asesores de inversión y académicos para ver hasta qué punto resultan racionales. Las conclusiones han sido muy poco amables con todos los que participaron en esos estudios.

Los sesgos psicológicos pueden ayudar a explicar gran parte de este comportamiento irracional. La salud física y mental puede influir en cómo se sentirá un inversor a la hora de invertir. Hemos hablado de que muchas decisiones de inversión ilógicas o irracionales se toman por intuición. Las investigaciones parecen corroborarlo.

> *Un mono con los ojos vendados lanzando dardos a las páginas financieras de un periódico podría seleccionar una cartera que lo haría igual de bien que una cuidadosamente seleccionada por expertos.*
> Burton Malkiel

He aquí una breve lista de los conceptos de FB que últimamente llenan los titulares y venden muchos libros:

Contabilidad mental

La mayoría de las personas asignan sus fondos a fines específicos. Las personas codifican, calculan, categorizan y evalúan los resultados económicos con la contabilidad mental. Las tarjetas de crédito se aprovechan del comprador cortocircuitando la contabilidad mental. Si pago en efectivo, no lo compro. Si lo cobro, tengo la sensación de no haber gastado realmente ese dinero, lo que se denomina disociación de transacciones.

El cortocircuito de la contabilidad mental también permite que la política pública estadounidense gaste más. Ahora tenemos una deuda nacional de Estados Unidos por encima de los 31 billones de dólares. Si se percibiera que se trata de dinero real, ningún político o votante permitiría que esto ocurriera.

Comportamiento del rebaño

Los inversores tienden a imitarse unos a otros. Todas las subidas o ventas comienzan con un comportamiento gregario. La ciencia encuentra un enfoque integrado del pastoreo, que describe dos cuestiones clave: los mecanismos de transmisión de los pensamientos o el comportamiento de los individuos y los patrones de comportamiento conectados. El pastoreo se da en casi todas las formas de comportamiento humano.

Brecha emocional

Muchas decisiones económicas se toman bajo la presión de emociones extremas como la ansiedad, la ira, el miedo o la excitación. Hay formas de cerrar la Brecha Emocional que contribuirían a mejorar las decisiones de inversión, las elecciones laborales y las relaciones personales.

Anclaje

Muchos comportamientos de gasto irracionales se basan en la satisfacción, no en el presupuesto. ¿Por qué si no compraría alguien un café con leche de 7 dólares? Otro aspecto del Anclaje dice que la primera información que recibe una persona abruma todo lo que viene después.

Se ha demostrado que el anclaje es una técnica eficaz para persuadir a jurados o jueces de que absuelvan o condenen. Los vendedores también la utilizan. El anclaje puede infiltrarse en algo tan simple como invertir con un miembro de una iglesia, mezquita o sinagoga. Aunque invertir con un miembro de una iglesia no es positivo ni negativo, la mayor parte del dinero invertido con Bernie Madoff procedía de miembros de su propia fe.

Efecto Foco

Los inversores que perciben que un vendedor les habla directamente a ellos o a ellos son más propensos a comprar lo que se les vende. Los sujetos de la prueba tendían a considerar su importancia para los demás significativamente más alta que el otro participante. Las personas creen que se fijan más en ellas de lo que lo hacen. Uno es el centro de su propio mundo. El efecto foco es la tendencia innata a olvidar que, aunque uno es el centro de su mundo, no es el centro del mundo de los demás.

Falacia de planificación

El ser humano tiende a subestimar el tiempo que debe dedicar a planificar y aplicar una estrategia y a sobreestimar su capacidad para llevar a cabo esa tarea. La definición ampliada de Falacia de Planificación incluye la tendencia a subestimar el tiempo, los costes y los riesgos de las acciones futuras y a sobreestimar los beneficios de esas mismas acciones.

Este fenómeno puede dar lugar no sólo a retrasos, sino también a sobrecostes e insuficiencias en los beneficios. Los inversores subestiman el tiempo necesario para que una cartera invertida crezca, acumule dividendos y madure.

A menudo se buscan resultados inmediatos. Esto puede dar lugar a comportamientos de juego o a la venta prematura de acciones ganadoras.

Autoatribución

La mayoría de los inversores toman decisiones basadas en un exceso de confianza en los propios conocimientos y habilidades. Los inversores tienden a situar sus capacidades por encima de las de los demás, incluso cuando se quedan cortos. Los sujetos de la prueba cometían errores sistemáticos al evaluar o intentar encontrar razones para sus propios comportamientos y los de los demás. Los sujetos hicieron atribuciones o suposiciones sobre por qué la gente se comporta de determinadas maneras.

En lugar de actuar como perceptores objetivos, los sujetos tendían a dar una interpretación sesgada que se ajustara a su visión de su mundo social. Esto puede observarse en situaciones de tráfico.

Un coche cambia de carril peligrosamente cerca del coche de una persona. El conductor ofendido percibe que el coche lo conduce un individuo imprudente y maleducado que le ha cortado el paso a propósito. El conductor del coche simplemente no les vio y no tenía mala intención.

Sesgos revelados por las finanzas conductuales

Es probable que haya muchos sesgos que aún no se hayan descrito o estudiado. BF ha analizado y estudiado varios sesgos de repetición. He aquí una breve lista.

Sesgo de confirmación

Los inversores tienden a buscar información que confirme su opinión ya aceptada. Si existe información que confirma su elección, se acepta de inmediato. La información contraria se rechaza por errónea.

Este efecto es mayor en temas con carga emocional y creencias arraigadas, como la política o la religión. El CB no puede eliminarse, pero puede controlarse mediante la educación y la formación en habilidades de pensamiento crítico.

La polarización de actitudes, la perseverancia en las creencias, la primacía irracional (confianza en la información escuchada al principio de un argumento) y la correlación ilusoria o las asociaciones falsamente percibidas son algunos de los errores de pensamiento revelados durante la investigación sobre el CB.

Sesgo de optimismo o sesgo de pesimismo

Los seres humanos tienden a tener un sentido exagerado del optimismo o el pesimismo en función de los genes que rigen los rasgos psicológicos y las predisposiciones. Asumir riesgos es un rasgo genético, al igual que el color del pelo y de la piel. El entorno y la familia pueden exagerar este sesgo y las inversiones pueden verse afectadas.

La OB es común en todos los sexos, etnias, nacionalidades y edades. Incluso se han descrito OB en animales no humanos, como ratas y pájaros. Los factores que rigen la OB incluyen el estado final deseado por el sujeto, sus mecanismos cognitivos, la información que tiene sobre sí mismo, los demás y el mundo, y su estado de ánimo general.

El sesgo pesimista parece un poco más fácil de explicar. El PB dice que se producirá un resultado negativo independientemente de las pruebas que se presenten. El PB puede afectar a la inversión al mantener a una persona en inversiones que tienen garantías y rendimientos más bajos.

Sesgo experiencial
Las experiencias recientes parecen más propensas a repetirse. 2008-2009 es un ejemplo de acontecimiento económico que hizo que muchos inversores abandonaran definitivamente la inversión en bolsa. La Gran Depresión hizo que toda una generación de inversores rehuyera la inversión en bolsa.

EB asume que, como has visto y experimentado tanto, sabes lo que va a pasar a continuación. Los psicólogos lo han calificado de asesino. En inversión, nadie puede predecir los movimientos de la bolsa en el futuro. Tras una corrección bursátil prolongada del 50%, deberíamos asumir que el riesgo es menor. El EB le dice al cerebro que podría perder otro 50%.

Aversión a las pérdidas
Muchos inversores dan más valor a evitar las pérdidas que a contemplar las ganancias bursátiles. Es irracional que los inversores piensen que pueden alcanzar sus objetivos vendiendo los ganadores y quedándose con los perdedores, lo que se conoce como efecto de disposición.

Los inversores suelen ser reacios a admitir un error; en lugar de ello, se aferran a los perdedores. Estas decisiones suelen perjudicar los resultados de sus inversiones. Los encuestados suelen responder que conservarán una acción perdedora hasta que se convierta en ganadora, en contradicción con la lógica y sus objetivos.

Sesgo de familiaridad

El sesgo de familiaridad es la tendencia de los individuos a sentirse más cómodos con lo familiar, a no gustarles la ambigüedad y a no gustarles lo desconocido. Los distintos tipos de FB pueden afectar a los individuos, mientras que otros afectan al asesor. La diversificación de la cartera y la reducción del riesgo suelen verse afectadas.

Muchas carteras de jubilación invierten en exceso en la empresa o los sectores en los que trabajan los futuros jubilados. Las directrices profesionales de CFP® sugieren que ninguna empresa represente más del 10% de una cartera equilibrada y que ningún sector supere el 20%. Algunos inversores tienen prejuicios contra el petróleo, China, el tabaco o las empresas liberales o conservadoras. Estas decisiones suelen añadir riesgo y reducir los resultados de la inversión.

Conclusión de Behavioral Finance

Los principios de las finanzas conductuales están a la vista todos los días. Las tarjetas de crédito incitan a los consumidores a comprar más para obtener un 2% de devolución. Las tiendas de comestibles utilizan trucos como carritos de gran tamaño y cambios continuos de disposición para que los compradores carguen sus carritos. Los productos más caros y con mayor margen de beneficio suelen estar a la altura de los ojos, mientras que los más baratos y en oferta, con menos margen de beneficio, están en los estantes superiores o inferiores. No es casualidad que los artículos de impulso con mayor margen de beneficio se expongan cerca de la caja.

El BF se utiliza cada vez que un consumidor ve un artículo en oferta. El precio de venta al público de una camisa es de 100 $. Está en oferta por 49,99 $. ¿Ahorraremos $50.00 si compramos la camisa? La gente elige el anuncio AAA de la guía telefónica por encima de todos los demás anuncios. Por algo Apple, Inc. eligió AAPL como símbolo bursátil. La gente confía en los algoritmos de Google, un ejemplo de comportamiento gregario.

La oferta "Compre uno y llévese otro gratis" me encanta. ¿La verdadera pregunta que tengo para usted? ¿Por qué, como inversor, evitaría las inversiones en bolsa cuando están a un 50% de los máximos del mercado? La lógica diría que el riesgo es menor que antes de la corrección. BF dice que el equipo de toma de decisiones, el cerebro del inversor, tiende a impedir que el inversor llegue a una conclusión lógica. El cerebro del Homo pauperis gana de nuevo.

Todos los estafadores y vendedores legítimos utilizan la FB. Todos los ministros, políticos, líderes empresariales y profesores utilizan los conceptos de la FB para ayudar a convencer a los miembros de su audiencia de que muestren una mentalidad de rebaño. Como humanos, estamos predispuestos a aceptar estos mensajes, a veces para nuestro beneficio colectivo y a veces para nuestra pérdida individual como inversores. La FB no es buena ni mala, sino que depende de las intenciones benévolas o malévolas del usuario.

Aquí hay varias conclusiones dignas de mención. La idea de que el mercado bursátil es un lugar lógico con actores racionales que toman decisiones racionales puede tirarse por la ventana. La gente tiende a vender las acciones ganadoras demasiado pronto y a retener las perdedoras demasiado tiempo. Los inversores huyen de las acciones en venta durante una corrección y las compran durante una burbuja bursátil.

El método de inversión lento, constante y casi aburrido casi siempre tiene más éxito que el enfoque de "volar por los aires" que utilizan la mayoría de los inversores. La emoción y las corazonadas suelen dominar el día cuando la planificación financiera razonada rara vez tiene una oportunidad.

Algunos inversores y asesores están utilizando con éxito indicadores técnicos de Psicología de Mercado que les ayudan a juzgar el nivel de comportamiento irracional en los mercados de acciones y bonos en un momento dado. Busque al fiduciario lógico que le ayude a tomar decisiones de mercado lógicas y equilibradas, coherentes con su Declaración de Política de Inversión.

La psicología que impulsa el mercado es realmente difícil de predecir. Volvamos a la mente de nuestros antiguos antepasados que aún rige el razonamiento de la mayoría de los inversores. El miedo, la codicia y los deseos de "tener que tener" gobiernan más decisiones que la toma de decisiones razonada y bien informada de un inversor inteligente.

Llego a la conclusión de que la salud general de un inversor rige más decisiones que cualquier otro factor. Si tiene malestar estomacal, un resfriado o está enfadado por el tráfico. Estos sentimientos no deberían tener nada que ver con tus decisiones de inversión, siempre que tengas una cartera bien pensada y equilibrada.

Un plan financiero sólido con objetivos bien definidos puede superar cualquier prejuicio. Usted es el resultado de 100.000s si no

1.000.000s de años de evolución. Cada uno de sus antepasados fue un ser humano inteligente, aventurero y con éxito que triunfó donde otros fracasaron.

Prevalecemos aprendiendo. Has dado un gran paso al leer este libro. Fíjese el objetivo de leer un buen libro financiero una vez al mes o, al menos, con regularidad. Hay grandes conocimientos de BF para todos los niveles de experiencia inversora. Puedes beneficiarte como inversor principiante o como el más experimentado operador de opciones.

Ahora prepárate para mover el culo y empezar a planificar para pensar e invertir como el sabio inversor que eres. Eres un orgulloso miembro del Homo sapiens. Empiece a invertir como tal. Actualice su declaración de política de inversión para eliminar los errores de BF que haya podido cometer en el pasado.

Todos los prejuicios pueden superarse o incluso utilizarse para ganar dinero a costa de quienes sucumben a su encanto de comportamiento gregario. Prepárese para ver las noticias financieras como nunca antes. El Homo pauperis quiere que compres sus acciones de calidad baratas. Considere vender sus perdedores rápidamente, mantenga sus ganadores más tiempo. La estrategia de comprar barato y vender caro sólo funciona si usted pone fin a su propio comportamiento de rebaño.

Interpretar las malas noticias como "Estamos más cerca del fondo" y mi riesgo es menor. Interprete las buenas noticias como "estamos más cerca de la cima y mi riesgo es mayor". Una cartera adecuadamente diversificada tendrá probablemente menos volatilidad en los mercados bajistas que una cartera excesivamente concentrada.

Capítulo VIII

El plan de batalla

En este capítulo, espero transmitir dos mensajes importantes. En primer lugar, quiero que perciba las abundantes oportunidades que existen para aprovecharse de lo que Carl Icahn denomina la "estupidez natural" de otros inversores. También quiero ofrecerle un plan de batalla que le ayude a reconocer que estas oportunidades existen con el fin de crear riqueza personal y seguridad para usted y su familia.

Los pobres son vulnerables

La mayoría de los demás inversores, otros asesores y Wall Street le darán amplias oportunidades para saquear sus activos y hacerlo es perfectamente legal. Una y otra vez le abrirán sus puertas y su cuenta de corretaje. De hecho, le rogarán que compre sus buenas inversiones a precios bajísimos.

Incluso comprarán tus acciones sobrevaloradas a precios inflados. Es como ir al concesionario Mercedes y comprar un Clase S nuevo a mitad de precio, y que luego el concesionario te ofrezca comprar tu coche usado por el doble de su valor. ¿Cuánto tiempo tienes que reflexionar sobre ese intercambio?

Puede parecer una locura, pero los indigentes quieren que te aproveches de sus debilidades. Incluso te dirán cuándo es el momento de ir a por las golosinas, si les haces caso. Las noticias de la noche lo gritarán; los titulares de los periódicos gritarán: "Record Low Dow Today". Oirá que la volatilidad es galopante.

Sabrás que todo esto es bueno, pero los indigentes pensarán que es malo. Y vendrán corriendo, sombrero en mano, suplicándote que compres sus activos con grandes descuentos. Es la venta del siglo.

A continuación figura una lista de oportunidades que seguramente se presentarán.

Lo único que debe hacer es estar preparado con la respuesta correcta.

Oportunidad: Muchos otros inversores y sus asesores son más temerosos y vacilan a la hora de invertir cuando los precios de las acciones están más bajos.
Su respuesta: Aumente las aportaciones a su 401k, o financie su IRA a principios de ese año. Considere la posibilidad de trasladar parte del efectivo o de las inversiones conservadoras a una posición invertida o a una inversión más agresiva. Piense en esto como en las herraduras y las granadas de mano: acercarse al fondo suele ser suficiente.

Oportunidad: Los indigentes y sus asesores son más propensos a vender inversiones basadas en acciones cuando los precios de éstas son más bajos.
Su respuesta: Determine si posee inversiones de calidad. Si es así, decídase a no vender mientras los pobres pierden la cabeza. Suponiendo que se trate de un punto bajo en una recesión, si se siente cómodo y capaz de asumir más riesgo, considere la posibilidad de pasar a posiciones más agresivas. Por ejemplo, venda acciones de valor y compre acciones de crecimiento o mercados emergentes.

Oportunidad: Los precios de las acciones se disparan. Los pobres y sus asesores son muy optimistas y, por tanto, más propensos a comprar acciones que a venderlas.
Su respuesta: Examine regularmente sus inversiones para ver cuáles se venden con beneficios. Ponga un stop loss de arrastre[46] en las inversiones en acciones más agresivas. Se beneficiará de las subidas en caso de que sigan subiendo y estará protegido de una posible liquidación. Venda la mitad de su posición o lo suficiente

para recuperar su inversión original e invierta en un sector de calidad que haya bajado de precio recientemente.

Considere la posibilidad de invertir el exceso de efectivo en valores con altos dividendos. Reequilibre su cartera. Se trata de vender los activos sobrevalorados y comprar los infravalorados. Lo que queremos es vender caro y comprar barato,

Oportunidad: Paupérrimos, asesores y analistas predicen que las tendencias actuales se mantendrán.

Su respuesta: Ninguna tendencia es eterna. Determine si la tendencia es a largo o a corto plazo. Las tendencias típicas a largo plazo son los tipos de interés de los CD, los tipos hipotecarios y los precios inmobiliarios. Las tendencias a corto plazo incluyen la volatilidad del mercado de valores o los precios de las acciones. En algún momento, todas las tendencias cambian. Protéjase invirtiendo la cantidad adecuada en activos con correlación negativa.[47] Una cartera equilibrada de inversiones de buena calidad contendrá algo que subirá cuando otra cosa baje, y usted no se verá perjudicado.

Oportunidad: Cuando se enfrentan a la incertidumbre, los pobres imitan la estrategia de inversión de un amigo, socio o familiar, normalmente alguien a quien respetan por tener más conocimientos que ellos. Es la clásica mentalidad de rebaño.

Su respuesta: A veces la persona respetada es un inversor inteligente, a veces un indigente. Haz algunas preguntas basadas en lo que has aprendido en este libro para averiguarlo. Si es un indigente, no discutas ni trates de hacerle cambiar de opinión. Es difícil hacerles cambiar de opinión. Si tiene un indigente entre sus manos, simplemente haga exactamente lo contrario de lo que está haciendo.

Oportunidad: Los indigentes prefieren comprar las acciones de una empresa conocida o de "gran nombre" que las de una empresa de mejor valor cuyo nombre no reconocen.

Su respuesta: Por lo general, no es aconsejable hundir todos sus activos en una sola empresa, aunque trabaje en ella. Los profesionales de CERTIFIED FINANCIAL PLANNER™ suelen recomendar una cartera de inversiones equilibrada que no incluya más del 10 o el 20 por ciento de las acciones de su empresa.

Oportunidad: Los paupérrimos prefieren invertir en acciones o fondos que hayan experimentado ganancias excepcionales recientemente.

Su respuesta: Interpretar una subida del precio de las acciones como un riesgo añadido. Por el contrario, las acciones o fondos que bajan de precio tienden a reducir el riesgo. Su cartera equilibrada debe contener posiciones que hayan experimentado ambas situaciones. Reequilibre sus inversiones periódicamente o cuando la cartera haya ganado o perdido un 10%. Sólo tiene que elegir el desencadenante.

Un enfoque consiste en reducir o vender sus ganadores y pasar a inversiones de baja volatilidad o bajo riesgo hasta que se produzca una corrección del mercado. También puede optar por recoger beneficios.

Oportunidad: Los pobres prefieren "invertir" en una casa grande o en un coche caro que en inversiones bursátiles.

Su respuesta: Las casas y los coches son bienes de consumo. Si los suyos son más caros de lo que deberían, es como comerse ese filete de 72 onzas; no va a salir bien. Los bienes de consumo rara vez son buenas inversiones. Puede que ese coche de 50.000 dólares huela muy bien cuando es nuevo, pero 10 o 15 años después será un trueque de 5.000 dólares. Si tu casa es el doble de grande de lo que necesitas, su mantenimiento y reparaciones o gastos generales también serán el doble.

Oportunidad: Los indigentes se sienten seguros cuando tienen un vestuario o muebles caros.

Tu respuesta: Nuestra sociedad te engatusa constantemente para que consumas. Los pobres consumen en exceso. Consumen primero y ahorran si les sobra algo. Resuélvete a ahorrar al menos el primer 10% de tus ingresos. Empiece con una cuenta de ahorro para emergencias, vaya ahorrando en su plan de jubilación y, con el tiempo, añada planes de educación 529 para sus hijos.

Añade la cantidad adecuada de seguro de vida y de asistencia sanitaria a largo plazo cuando sea asequible, y ajústalo según sea necesario. Intente no endeudarse, salvo para su vivienda principal. No gaste más del 28% de sus ingresos en la hipoteca o el alquiler. Mejor menos.

Oportunidad: Los indigentes dedican más tiempo a planificar las vacaciones o a arreglar el jardín que a planificar las inversiones y la jubilación.

Su respuesta: A mí también me gusta trabajar en el jardín y las vacaciones, pero a diferencia de los indigentes, no evito las discusiones sobre inversión. Le recomiendo que se comprometa a leer al menos uno o dos libros de inversión de calidad cada año. Al final de este libro figura una lista de mis recomendaciones para afilar su sierra financiera. También te recomiendo que mantengas reuniones periódicas sobre el presupuesto familiar.

Oportunidad: Algunos de los inversores más inteligentes y mejor formados cometen los mismos errores que los inversores medios.

Su respuesta: Hay indigentes de todas las edades, y algunos son personas brillantes, pero son indigentes y vulnerables a ser explotados. Es probable que el buffet de oportunidades de los indigentes no se acabe nunca, porque repiten los mismos errores. Encuentre el ritmo adecuado y podrá beneficiarse, como han hecho muchos de los inversores más ricos del mundo.

Oportunidad: El asesor de inversiones medio suele cometer los mismos errores que el inversor medio.

Su respuesta: Muchos asesores también son indigentes. Tenga cuidado con los asesores que se aprovechan del miedo o la codicia de los pobres. Busque un asesor con al menos cinco años de experiencia y una designación profesional CFP®.

Si contrata a un asesor que actúe como su fiduciario,[48] tendrá más probabilidades de obtener una presentación imparcial que revele todos los hechos materiales y elabore un plan que le beneficie.

Sin estas normas, puede estar invirtiendo con un asesor sin formación que podría anteponer los intereses de su empresa a los suyos. Peor aún, hay estafadores que mienten y roban descaradamente.

Oportunidad: Cuando se les presenta información contradictoria, los indigentes se cierran en banda, temerosos de hacer algo.

Su respuesta: El mundo está lleno de información contradictoria. Si cuenta con el asesor adecuado, éste velará por usted. Lo mejor es que tenga una declaración de principios tanto para contratar y despedir a un asesor como para invertir. Estas declaraciones políticas se elaboran mejor cuando las emociones son bajas y aportan claridad a las decisiones cuando abunda el caos.

Oportunidad: Los indigentes que experimenten una pérdida significativa evitarán acciones similares en el futuro.
Su respuesta: Todos los ciclos y ventas se repiten. Siempre se han repetido. Según la Oficina Nacional de Investigación Económica, Estados Unidos ha experimentado 32 ciclos de expansión y contracción en los últimos 150 años, con una media de 17 meses de contracción y 38 meses de expansión.
Las recesiones, que se producen por término medio cada cinco años, suelen ir acompañadas de ventas del 20% o más en los mercados mundiales de inversión. Entre una recesión y otra, se producen entre cuatro y ocho ventas del 10% o más. Durante los 20 años transcurridos entre enero de 1994 y enero de 2014, el Dow subió de 3978 a 15.699, a pesar de algunos problemas graves y varias recesiones históricamente significativas. Los desplomes siguen siendo tan comunes como la suciedad. Los pobres las ven como problemas; usted debería pensar en ellas como oportunidades.

Oportunidad: Probablemente no eres tan buen inversor como crees.
Su respuesta: Las finanzas conductuales muestran que estamos plagados de sesgos. Tendemos a recordar que tomamos mejores decisiones de las que tomamos. A los pobres les cuesta recordar sus errores de inversión. Es natural. Nuestros antepasados intentaron olvidar lo cerca que estuvieron de la extinción. Establezca una disciplina para seguir los resultados de sus inversiones y revísela trimestralmente.

Crear una base sólida

Un proceso que le ayude a resistir la tentación de vender barato y comprar caro le protegerá de las recaídas. Un planificador profesional competente puede ayudarle a poner en práctica su proceso. Las dos designaciones más respetadas son CFP® profesional CERTIFIED FINANCIAL PLANNER™ Practitioner y AIF® (Accredited Investment Fiduciary).

Para evitar que le "vendan" inversiones, establezca una relación con un asesor de confianza que asuma la responsabilidad fiduciaria y haga lo siguiente:

- Defina su relación profesional

- Reúna todos sus datos y discuta sus objetivos

- Analice y evalúe su situación financiera actual

- Presentar recomendaciones y alternativas adecuadas

- Aplicar las recomendaciones

- Seguimiento de las recomendaciones

- Educar y explicar lo que está pasando y por qué los mercados de inversión están haciendo lo que están haciendo.

La responsabilidad fiduciaria de su asesor es una parte vital de su acuerdo o contrato. Debe hablar con franqueza sobre cómo se compensará a su asesor y cómo se pagarán los honorarios. ¿Qué hará concretamente su asesor en su nombre? ¿Tendrá su asesor poder discrecional para negociar con su cuenta?

Si decide ser su propio asesor, debe estar dispuesto a aceptar ese mismo nivel de responsabilidad. Esto es lo que tendrás que saber y hacer antes de decidirte a ir por libre:

- Conocimiento del sistema fiscal administrado por el IRS y su estado de residencia

- Conocimiento de las inversiones que pueden utilizarse en su plan

- Conocimiento de planes de sucesión, testamentos, fideicomisos y poderes notariales

- Conocimiento de seguros de vida, rentas vitalicias y pólizas de asistencia a largo plazo.

- Evaluar y comprender el estado actual de sus finanzas

- Elabore un estado de tesorería: sepa cuándo necesitará dinero y cuándo lo recibirá.

- Entiende tu deuda: cuánto debes y a quién, cuánto te cuesta y cuándo debes devolverla.

Intenta no agobiarte. Va a ser una tarea para toda la vida. Ve paso a paso. En el apéndice de este libro encontrarás una lista de lecturas recomendadas.

Enhorabuena

Si ha llegado hasta aquí, ahora ve las finanzas y la inversión desde una perspectiva totalmente nueva. Puede estar seguro de que ya no es un pobre. Ahora puede aprovechar al máximo su nueva condición de Homo sapiens. Estás listo para sacar provecho de tus nuevos conocimientos. Ten paciencia, amigo mío. Las oportunidades se presentarán muy pronto.

Lista de lecturas recomendadas

Uno de mis objetivos anuales es leer y comprender varios buenos libros sobre planificación financiera, planificación fiscal, inversión conductual y economía. La mayor parte de la investigación para mi libro provino de lecturas previas significativas en este tesoro de conocimientos. Si tienes tiempo para sumergirte en uno o dos libros más, puedes elegir de mi lista de lecturas sugeridas.

Animal Spirits: Cómo la psicología humana dirige la economía, George A. Akerlof, Robert J. Shiller

Economía conductual Tercera Ed. Edward Cartwright

Asesoramiento en inversión conductual, Nick Murray

Más allá del paseo aleatorio, Vijay Singal

Estrategias de inversión contrarias: La ventaja psicológica, David Dreman

Cómo redactar una declaración de política de inversión, Jack Gardner y Donald B. Trone

Exuberancia irracional, Robert J. Shiller

Padre Rico, Padre Pobre, Robert T. Kiyosaki

Las parejas inteligentes se hacen ricas, David Bach

Las mujeres listas se hacen ricas, David Bach

Super Cycles, Arun Motianey

El pequeño libro de la inversión basada en el comportamiento, James Montier

El hombre más rico de Babilonia, George Clason

El número Savage, Cuánto dinero necesita para jubilarse, Terry Savage

El barbero rico, David Chilton

Entender los fondos cotizados, Archie M. Richards, Jr.

Por qué es importante para el capitalismo mundial, George A. Akerlof, Robert J. Shiller

Su dinero y su cerebro, Jason Zweig

Notas finales

Introducción
1 Will Lassek, Steve Gaulin y Hara Estroff Marano, "Curvas eternas", Psychology Today, 3 de julio de 2012.

Capítulo 1
2 La tomografía por emisión de positrones (PET) es una técnica de diagnóstico por imagen de medicina nuclear que produce una imagen o fotografía tridimensional de los procesos funcionales del cuerpo y el cerebro.
3 Ratio de valoración del precio actual de las acciones de una empresa comparado con sus beneficios por acción.
4 Las endorfinas son compuestos opioides producidos por la hipófisis y el hipotálamo. Tienen un efecto en el cerebro muy parecido al del opio o la morfina. Estas sustancias químicas se liberan en momentos de excitación, dolor y ejercicio extenuante. Son responsables de la sensación de euforia durante el "subidón del corredor" e incluso del orgasmo.
5 Entusiasmo insostenible de los inversores que lleva los precios de los activos a niveles que no están respaldados por los fundamentos. Se cree que el término "exuberancia irracional" fue acuñado por Alan Greenspan en un discurso de 1996, "El reto de la banca central en una sociedad democrática". Afirmó que una inflación baja reduce la incertidumbre de los inversores, disminuye las primas de riesgo e implica mayores rendimientos bursátiles. Véase también el libro clásico de Robert J. Shiller sobre inversión conductual, Irrational Exuberance.

Ch2
6 Robert M. Sapolsky, Why Zebras Don't Get Ulcers (1994, Holt/Owl 3rd Rep. Ed. 2004)
7 La respuesta de lucha o huida, también conocida como respuesta de estrés agudo, se refiere a una reacción fisiológica que se produce en presencia de algo que resulta aterrador, ya sea mental o físicamente. La respuesta de lucha o huida fue descrita por primera vez en la década de 1920 por el fisiólogo estadounidense Walter Cannon. Cannon se dio cuenta de que una cadena de reacciones que

se producían rápidamente en el interior del organismo ayudaban a movilizar los recursos del cuerpo para hacer frente a circunstancias amenazadoras. Fuente: Kendra Cherry, "¿Qué es la respuesta de lucha o huida?" www.psychology.about.com.

8 A los cambios estacionales en la morfología, la fisiología y el comportamiento se superponen respuestas facultativas a acontecimientos impredecibles conocidos como factores de perturbación lábiles (es decir, de corta duración). Estas respuestas incluyen cambios fisiológicos y de comportamiento que mejoran la supervivencia y, en conjunto, constituyen la fase de "emergencia" del ciclo biológico. Fuente: John Wingfield, Donna Maney, Creagh Breuner, Jerry Jacobs, Sharon Lynn, Marilyn Ramenofsky y Ralph Richardson, "Ecological Bases of Hormone-Behavior Interactions: The Emergency Life History Stage", Integrative & Comparative Biology, Vol 38, número 1, pp 191-206.

Capítulo 3

9 También conocido como Dow 30, el DJIA es un índice que muestra cómo han cotizado 30 grandes empresas públicas con sede en Estados Unidos durante una sesión bursátil estándar.

10 Paul Kosakowski, "Mercados financieros: ¿Aleatorios, cíclicos o ambos?". 8 de diciembre de 2013.

11 La curva de rendimientos es un gráfico que traza el tiempo (de la fecha de vencimiento más corta a la más larga) en el acceso horizontal, y el rendimiento en el acceso vertical. Se utiliza para mostrar la relación entre rendimiento y vencimiento. Fuente: www.learnbonds.com.

12 Una opción de venta es un contrato de opción que otorga al propietario el derecho, pero no la obligación, de vender una cantidad determinada de un activo subyacente a un precio fijado en un plazo determinado. El comprador de una opción de venta estima que el activo subyacente caerá por debajo del precio de ejercicio antes de la fecha de vencimiento.

13 En términos generales, la relajación cuantitativa se refiere a los cambios en la composición y/o el tamaño del balance de un banco central destinados a aliviar las condiciones de liquidez y/o de crédito. Fuente: Alan S. Blinder, "Quantitative Easing: Entrance and Exit Strategies" Federal Reserve Bank of St. Louis, Nov/Dic 2010: p465.

14 Rentabilidad anual de acciones, bonos del Tesoro y letras del Tesoro: 1928 - Current, New York University Stern, 5 de enero de 2014.

15 Anna Prior, "Los costes ocultos de los fondos de inversión", The Wall Street Journal, 1 de marzo de 2010.

16 Nick Murray, Behavioral Investment Counseling, 2008: p29.

Ch4

17 Dorothy Cheney y Robert Seyfarth, How Monkeys See The World: Inside The Mind of Another Species, University of Chicago Press, 1992.

18 Datos de la CBOE para el suministro del índice de volatilidad VIX del 1 de marzo de 2004 al 1 de marzo de 2014.

19 Un flash crash es una caída muy rápida, profunda y volátil de los precios de los valores que se produce en un periodo de tiempo extremadamente corto. Un flash crash suele tener su origen en operaciones ejecutadas por black-box trading, combinadas con trading de alta frecuencia, cuya velocidad y naturaleza interconectada pueden provocar la pérdida y recuperación de miles de millones de dólares en cuestión de minutos y segundos.

20 G. A. Akerlof y R. J. Shiller, Animal Spirits: How Human Psychology Drives the Economy, and Why It Matters for Global Capitalism, Princeton University Press.

21 "El artículo señala que los precios del oro, ligeramente por encima de los 1600 $ la onza ayer, están ahora aproximadamente un 17% por debajo de su máximo histórico (en términos nominales) de 1920 $ la onza establecido hace casi un año, el pasado mes de septiembre." Fuente: Financial Times London, 17 de agosto de 2012.

Ch5

22 Sriram Sankararaman, "The Date of Interbreeding between Neanderthals and Modern Humans", Journal of Postnatal Genetics, 4 de octubre de 2012.

23 La ley de Moore es la observación de que, a lo largo de la historia del hardware informático, el número de transistores en los circuitos integrados se duplica aproximadamente cada dos años.

24 Alexander E.M. Hess, "Countries with the Most Millionaires", USA Today, 17 de septiembre de 2013.

25 Julian D. Richards, Viking Age England (Londres: B.T. Batsford and English Heritage 1991: 9.
26 El término "mercados emergentes" se refiere a los mercados de países que se encuentran en una fase temprana de su desarrollo, en relación con los mercados maduros de países como Estados Unidos o Japón. Los mercados emergentes suelen ser mucho más pequeños que sus homólogos desarrollados y tienden a estar menos consolidados que los mercados principales, a menudo con normativas menos exhaustivas sobre cómo pueden operar las empresas y los inversores. (www.qfinance.com)
27 Un país en desarrollo, también llamado país menos adelantado (PMA), es una nación con un nivel de vida más bajo, una base industrial subdesarrollada y un Índice de Desarrollo Humano (IDH) bajo en relación con otros países. No existe un criterio universal y consensuado sobre qué hace que un país esté en vías de desarrollo frente a uno desarrollado y qué países encajan en estas dos categorías. (www.qfinance.com)

Capítulo 6
28 F Cavazzi, "El ejército romano", Roman-Empire.net, 8 de abril de 2012.
29 Dora L Costa, The Evolution of Retirement: An American Economic History, 1880-1990 (University of Chicago Press, enero de 1998).
30 Walter Updegrave, "¿Realmente necesito que mis ahorros duren hasta los 100 años?". Dinero 27 de abril de 2012.
31 Jennie Phipps, "Vivir solo de la Seguridad Social", Bankrate.com, 17 de septiembre de 2012.
32 Si retira dinero de una cuenta Roth IRA y tiene menos de 59½ años, no tributará ni pagará una penalización por las aportaciones que retire, pero sus ganancias tributarán como ingresos y pagará una penalización fiscal por los ingresos, a menos que sea titular de la cuenta durante al menos cinco años y cumpla una de las excepciones.
33 Se refiere a valores con una capitalización bursátil relativamente pequeña. La definición de "pequeña capitalización" puede variar según las agencias de valores, pero en general se trata de una empresa con una capitalización bursátil de entre 300 millones y 2.000 millones de dólares.
34 Se refiere a empresas con una capitalización bursátil de entre 2.000 y 10.000 millones de dólares, que se calcula multiplicando el

número de acciones en circulación de una empresa por su cotización bursátil. Mid cap es una abreviatura del término "capitalización media".

35 Término utilizado por la comunidad inversora para referirse a empresas con un valor de capitalización bursátil superior a 10.000 millones de dólares. Large cap es una abreviatura del término "gran capitalización bursátil". La capitalización bursátil se calcula multiplicando el número de acciones en circulación de una empresa por su precio por acción.

36 La economía de una nación que está progresando para convertirse en avanzada, como demuestra cierta liquidez en los mercados locales de deuda y acciones y la existencia de algún tipo de bolsa de mercado y organismo regulador. Los mercados emergentes no suelen tener el nivel de eficiencia del mercado ni normas estrictas en materia de contabilidad y regulación de valores a la par que las economías avanzadas (como Estados Unidos, Europa y Japón), pero los mercados emergentes suelen contar con una infraestructura financiera física que incluye bancos, una bolsa de valores y una moneda unificada.

37 Medida de la sensibilidad del precio (el valor del principal) de una inversión de renta fija a una variación de los tipos de interés. La duración se expresa en número de años. La subida de los tipos de interés implica una bajada de los precios de los bonos, mientras que la bajada de los tipos de interés implica una subida de los precios de los bonos.

38 Philip L Cooley, Carl M Hubbard y Daniel T Walz, "Sustainable Withdrawal Rates From Your Retirement Portfolio" Association for Financial Counseling and Planning Education.

39 Ibid. Este estudio presenta los efectos de una serie de tasas de retirada nominales y ajustadas a la inflación aplicadas mensualmente sobre las tasas de éxito de las carteras de jubilación de acciones de gran capitalización y bonos corporativos para periodos de pago de 15, 20, 25 y 30 años. Una cartera se considera exitosa si completa el periodo de pago con un valor terminal superior a cero. Utilizando los rendimientos históricos de los mercados financieros, el estudio sugiere que las carteras de al menos un 75% de acciones proporcionan entre un 4% y un 5% de retiros ajustados a la inflación.

40 Sheyna Steiner, "Americans plan to work through retirement", bankrate.com.

41 Según el IRS, las rentas del trabajo imponibles incluyen:
-Sueldos , salarios, propinas y otras retribuciones imponibles a los empleados;
-Beneficios de la huelga sindical;
-Pensiones de invalidez de larga duración percibidas antes de la edad mínima de jubilación;
-Los rendimientos netos del trabajo por cuenta propia si:
-Tiene o explota un negocio o una granja o
-Es usted ministro o miembro de una orden religiosa
-Es trabajador por cuenta ajena estatutario y tiene ingresos.

42 Las actividades de la vida diaria son tareas básicas y rutinarias, como bañarse, vestirse, comer, tomar la medicación, hacer transfers (desplazarse de una silla a otra) e ir al baño; actividades que la mayoría de las personas son capaces de realizar a diario sin ayuda.

43 USLegal.com.

44 Instituto de Información Jurídica, Facultad de Derecho de la Universidad de Cornell.

45 MAGI son las siglas de Modified Adjusted Gross Income (Renta Bruta Ajustada Modificada). Su MAGI se determina restando (o no incluyendo) de su renta bruta ajustada (AGI) la base imponible de su prestación de la Seguridad Social, y añadiendo de nuevo cualquier ingreso que normalmente pueda excluirse de su AGI, como las rentas del trabajo en el extranjero y los ingresos procedentes de bonos de ahorro estadounidenses cualificados.

Capítulo 8

46 Un stop-loss complejo en el que el precio de stop loss se establece en un porcentaje fijo por debajo del precio de mercado. Si el precio de mercado sube, el precio de stop loss sube proporcionalmente, pero si el precio de la acción baja, el precio de stop loss no cambia. Esta técnica permite al inversor fijar un límite a la pérdida máxima posible sin fijar un límite a la ganancia máxima posible, y sin necesidad de prestar atención a la inversión de forma continuada.

47 La correlación describe la relación de movimiento entre dos activos diferentes. Dos activos que se mueven en la misma

dirección se consideran correlacionados positivamente. En cambio, si los dos activos se mueven en direcciones opuestas, están correlacionados negativamente.

48 El término fiduciario se refiere a una relación en la que una persona tiene la responsabilidad de cuidar de los bienes o derechos de otra persona. Un fiduciario es un individuo que tiene esta responsabilidad. Existe una relación fiduciaria con las personas que manejan dinero o bienes para otros.